Das Natural-Leadership-Prinzip

Anja Niekerken

Das Natural-Leadership-Prinzip

Mit bewusster Selbstführung zur Führungspersönlichkeit

Anja Niekerken
Neu Wulmstorf, Deutschland

ISBN 978-3-658-40930-2   ISBN 978-3-658-40931-9 (eBook)
https://doi.org/10.1007/978-3-658-40931-9

Die Deutsche Nationalbibliothek verzeichnet diese Publikation in der Deutschen Nationalbibliografie; detaillierte bibliografische Daten sind im Internet über http://dnb.d-nb.de abrufbar.

Springer Gabler
© Der/die Herausgeber bzw. der/die Autor(en), exklusiv lizenziert an Springer Fachmedien Wiesbaden GmbH, ein Teil von Springer Nature 2023
Das Werk einschließlich aller seiner Teile ist urheberrechtlich geschützt. Jede Verwertung, die nicht ausdrücklich vom Urheberrechtsgesetz zugelassen ist, bedarf der vorherigen Zustimmung des Verlags. Das gilt insbesondere für Vervielfältigungen, Bearbeitungen, Übersetzungen, Mikroverfilmungen und die Einspeicherung und Verarbeitung in elektronischen Systemen.
Die Wiedergabe von allgemein beschreibenden Bezeichnungen, Marken, Unternehmensnamen etc. in diesem Werk bedeutet nicht, dass diese frei durch jedermann benutzt werden dürfen. Die Berechtigung zur Benutzung unterliegt, auch ohne gesonderten Hinweis hierzu, den Regeln des Markenrechts. Die Rechte des jeweiligen Zeicheninhabers sind zu beachten.
Der Verlag, die Autoren und die Herausgeber gehen davon aus, dass die Angaben und Informationen in diesem Werk zum Zeitpunkt der Veröffentlichung vollständig und korrekt sind. Weder der Verlag, noch die Autoren oder die Herausgeber übernehmen, ausdrücklich oder implizit, Gewähr für den Inhalt des Werkes, etwaige Fehler oder Äußerungen. Der Verlag bleibt im Hinblick auf geografische Zuordnungen und Gebietsbezeichnungen in veröffentlichten Karten und Institutionsadressen neutral.

Planung/Lektorat: Ann-Kristin Wiegmann
Springer Gabler ist ein Imprint der eingetragenen Gesellschaft Springer Fachmedien Wiesbaden GmbH und ist ein Teil von Springer Nature.
Die Anschrift der Gesellschaft ist: Abraham-Lincoln-Str. 46, 65189 Wiesbaden, Germany

Danksagung

Wie bei allen meinen Büchern gilt mein erster Dank meinem Mann, der meine Bücher grundsätzlich nicht liest. (Abgesehen von den Danksagungen.;) Ein kleiner Running Gag zwischen uns, der einfach nicht fehlen darf. Humor hilft auch in Beziehungen. Ein Buch, welches es noch zu schreiben gilt, aber vermutlich nicht von mir.

Ein besonderer Dank geht an alle Chef*innen, die ich in meinem Leben hatte. Sowohl an die, mit denen ich wahnsinnig gern gearbeitet habe, als auch an die, die ich leidenschaftlich gehasst habe. Und ja, Hass ist ein hartes Wort in diesem Zusammenhang, aber temporär durchaus angebracht. Nichtsdestotrotz habe ich auch von den von mir weniger geliebten Führungskräften eine Menge gelernt. Vor allem über mich selbst.

Von den Guten habe ich gelernt, wie man es macht und was es für Mitarbeitende bedeutet, sich wohl zu fühlen. Was es heißt, gern zur Arbeit zu kommen, auch wenn es zwischenzeitlich hart ist.

Ein letzter Dank geht an Ann-Kristin Wiegmann, die zum wiederholten Mal an meine Ideen geglaubt hat. Es war mir wieder eine Freude und vielleicht sind aller guten Dinge irgendwann drei. Wer weiß …

Inhaltsverzeichnis

1	**Einführung**	1
1.1	Was ist Natural Leadership?	1
1.2	Charisma ist nicht angeboren	5
1.3	Basis der Veränderung	11
	Literatur	14
2	**Basiswissen**	15
2.1	Wie arbeitet der Verstand?	15
2.2	Wie wir lernen	17
2.3	Prozess: Erkennen und bewerten	19
2.4	Bewusst – Unbewusst	21
2.5	Schnelles Denken – Langsames Denken (Kahnemann-Modell)	24
2.6	Dunning-Kruger-Effekt	28
2.7	Kompetenzstufen-Modell	31
2.8	Reiz-Reaktionsmaschinen	34
2.9	Aufmerksamkeitsspannen	38
2.10	Aufmerksamkeitssteuerung	40
2.11	Multitasking	42
	Literatur	43

3 Werte und Glaubenssätze — 47
- 3.1 Was ist gut und was ist schlecht? — 47
- 3.2 Glaubenssätze — 48
- 3.3 Werte und Wertekonflikte — 52
- 3.4 Arbeitsaufgabe: Erstelle Deine persönliche Wertehierarchie. Was ist Dir wirklich wichtig? — 56
- 3.5 Rote Linien — 58

4 Das Natural-Leadership-Modell — 61
- 4.1 Wertschätzung und Anerkennung — 62
- 4.2 Warum sind Wertschätzung und Anerkennung so wichtig? — 64
- 4.3 Sich selbst wertschätzen und anerkennen — 68
- 4.4 Übung: Wie entsteht mein Selbstwertgefühl? — 69
- 4.5 Andere wertschätzen und anerkennen — 72
- Literatur — 74

5 Kreativität — 75
- 5.1 Was ist Kreativität? Eine Definition — 75
- 5.2 Warum Kreativität so wichtig ist — 77
- 5.3 Die eigene Kreativität definieren — 80
- 5.4 Kreativität in anderen entdecken und wecken — 81
- Literatur — 83

6 Weiterentwicklung — 85
- 6.1 Was ist Weiterentwicklung? Eine Definition — 85
- 6.2 Warum Weiterentwicklung so wichtig ist — 87
- 6.3 Sich selbst bewusst weiterentwickeln — 89
- 6.4 Andere bewusst weiterentwickeln — 91
- Literatur — 94

7 Verletzlichkeit — 95
- 7.1 Was ist Verletzlichkeit? Eine Definition — 95
- 7.2 Warum Verletzlichkeit so wichtig ist — 97

7.3	Verletzlichkeit bei sich selbst wagen	100
7.4	Verletzlichkeit bei anderen wertschätzen	103
Literatur		103

8 Fehlerkultur — 105
- 8.1 Was verstehen wir unter Fehlerkultur? Eine Definition — 105
- 8.2 Warum eine positive Fehlerkultur so wichtig ist — 108
- 8.3 Die eigene Fehlerkultur bewusst definieren — 109
- 8.4 Fehlerkultur mit Leben füllen — 112

9 Humor — 115
- 9.1 Humor allgemein und Humor im Business — 115
- 9.2 Warum Humor so wichtig ist — 116
- 9.3 Was es bedeutet Humor zu haben — 118
- Literatur — 120

10 Verlässlichkeit — 121
- 10.1 Was ist Verlässlichkeit? Eine Definition — 121
- 10.2 Warum Verlässlichkeit so wichtig ist — 123
- 10.3 Die eigene Verlässlichkeit realistisch betrachten — 125
- 10.4 Verlässlichkeit leben — 127

11 Führen mit Herz, Hirn und Haltung — 129

12 Fazit — 131

1
Einführung

1.1 Was ist Natural Leadership?

Vor Jahren beobachtete ich, wie so oft, mein Pferd auf seiner Koppel. Mein Pferd stand mit rund 20 anderen Pferden auf einem großen Areal mit hohem Gras. Das Wetter war fantastisch. Nicht zu warm. Nicht zu kalt. Alles war optimal. Trotzdem war die Herde in Aufruhr. Immer wieder waren ein paar Tiere aufgescheucht und rannten nervös hin und her. Zwischenzeitlich war die gesamte Herde von der Unruhe ergriffen und ein wildes, ziemlich kopfloses Gerenne setzte ein. Obwohl es keinen äußeren, in irgendeiner Form ersichtlichen Grund für die Unruhe gab, legte sie sich nicht. Erst als eine Dame mit ihrem Pferd, ein großer, nicht besonders auffälliger Fuchs, das Tier nach dem Reiten wieder in die Herde ließ, beruhigten sich alle schlagartig. Der Fuchs rannte auch nicht, wie es die meisten Pferde tun, in vollem Tempo zur Herde. Er ging ruhig und souverän auf die Herde zu. Als erstes ging er auf ein mittelgroßes, blondes Pony zu. In diesem Moment fiel mir auf: Das war der Unruhestifter. Das Pony war an allen Rennereien beteiligt. Mehr noch, es hatte sie jedes Mal initiiert. Blondi hatte so viel Unruhe gestiftet, bis die gesamte Herde völlig aus dem Häuschen war. Na, dachte ich, jetzt wird dem kleinen Wicht vermutlich der Marsch geblasen. Denn der große Fuchs war der unangefochtene Herdenchef. Aber der Chef ging nur kurz zu dem Pony, die zwei beschnupperten sich kurz und das war es. Das Pony war wieder lammfromm und eine wunderbare Harmonie legte sich über alle Tiere.

Jetzt könnte man natürlich anfangen und ein wenig rumdeuteln, was der Fuchs dem Pony wohl eingeflüstert hat. Die Antwort ist einfach: Entspann Dich! Denn der kleine Quälgeist hatte vorher versucht, den anderen Pferden seinen Willen aufzuzwingen. Die Pferde sollten nicht hier sondern dort weiden und sie sollten dort hingehen, wo das Pony sie gern gehabt hätte. Aber selbst in einer Pferdeherde funktioniert Führung so nicht. Wer sich das Vertrauen der Herdenmitglieder nicht zuvor verdient hat, dem wird auch nicht gefolgt. So einfach ist das. Und wenn wir mal ganz ehrlich sind: So einfach ist das auch bei uns Menschen. Vertrauen muss man sich verdienen. Und das funktioniert nicht, in dem man eine Führungsansprache bei Amtsantritt über die eigenen Werte und Ziele hält …

Ich habe an dem Tag die Pferdeherde noch lange fasziniert beobachtet, obwohl gar nicht mehr viel passiert ist. Als der Fuchs weg war, war eigentlich viel mehr Action. Aber das war überhaupt nicht angenehm zu beobachten. Viel mehr hatte ich ständig das Gefühl, dass gleich irgendwas Schlimmes passiert. Jetzt, wo der Chef wieder da war, strahlte die Herde eine Ruhe und Harmonie aus, die sehr schön anzusehen war. Hin und wieder bewegte sich die Herde ein wenig vorwärts. Ein paar Tiere legten sich hin, was bei Fluchttieren eine Menge Vertrauen in Führung und Umgebung zeigt. Andere gesellten sich dazu und dösten gemütlich vor sich hin. Zwei Wachposten wurden durch unsichtbare Anweisungen aufgestellt und auch der Chef machte es sich gemütlich und ließ sich mit einem langgezogenen Seufzer ins Gras sinken. Da lag der blonde Querulant schon lange im Gras und schnorchelte vor sich hin. In diesem Moment musste ich an einen meiner ehemaligen Chefs denken, der dem Pony sehr ähnlich war und den niemand wirklich ernst nahm. Er scheuchte seine Abteilung auch immer hin und her. Und während wir noch aufgescheucht und planlos hin und her liefen, war er Freitagmittag schon im, in seinen Augen wohlverdienten Wochenende …

1 Einführung

Natürlich kann man – und manchmal geht es auch nicht anders – per Position führen. Dann gibt es eine Ansage und los geht die wilde Fahrt. Aber, und jetzt kommt es, wer nur per Position führt, wird irgendwann nicht mehr ernst genommen. Echte Führung funktioniert nur durch Vorbild. Im Grunde verhält es sich ähnlich wie mit Werten. Werte muss man nicht verteidigen. Werte muss man leben. Und so ist es mit einer Führungsposition auch. Wer seine Führungsposition verteidigt, hat keine Zeit sie auszufüllen … Oder noch schlimmer, hat es nie getan.

Menschen, die wirklich und wahrhaftig führen, denen dichten wir eine Aura an. Oder auch das so gern strapazierte Charisma. Das sind einfach geborene Führungspersönlichkeiten. Abgesehen davon, dass das Quatsch ist, denn niemand kommt als charismatische Führungspersönlichkeit auf die Welt. Auch John F. Kennedy oder Camala Harris waren im Kindergarten noch keine Leadershipkoriphäen. Sie waren Kinder. Nicht mehr und nicht weniger.

Die Charismalegende hat viele Nachteile. Wir glauben, Charisma sei angeboren. Daher glauben wir, dass gute, charismatische Führungskräfte ein rares Gut und nicht einfach zu finden sind. Vermutlich ist das der Grund, warum wir uns so oft mit der zweiten und dritten Garde zufriedengeben. Wir denken es ginge nicht anders. Ein Nachteil, der der zweiten und dritten Garde zum Vorteil gereicht. Denn so können sie mittelmäßig und oft sogar schlecht führen ohne echte Konsequenzen. Kann halt nicht jeder eine geborene Führungspersönlichkeit sein. Und genau hier hockt das Karnickel in den Gewürzen: So haben ganz „normale" Führungskräfte keine Chance auf Wachstum und Entwicklung. Wenn von Anfang an behauptet wird, dass man Charisma und Persönlichkeit (komischer Begriff in dem Zusammenhang) nicht lernen kann. Zum einen wird so schlechte Führung gerechtfertigt und zum anderen gute und sogar brillante Führung verhindert. Denn gute Führung kann jeder Mensch lernen. Die Voraussetzung ist, sich selbst führen zu können. Nur so kann man zum Vorbild und damit zur Führungspersönlichkeit werden. Das bedeutet aber auch, dass wir uns zunächst einmal selbst auf die Schliche kommen müssen. Wir müssen verstehen, wie wir grundsätzlich ticken. Und damit sind nicht Vorlieben und Abneigungen gemeint. Damit sind ein tiefer gehendes Verständnis der eigenen Psyche, die grundlegenden Verhaltensmuster und Denkfehler sowie ein umfassendes Verständnis der eigenen Werte und Glaubenssätze gemeint. Wer jetzt meint, dass das ja wohl kein Problem sei, zähle mir bitte, ohne zu zögern, ihre/seine top fünf Werte in der zurzeit aktuellen Reihenfolge auf. Geht? Super! Und keine Sorge, es findet sich sicher noch die eine oder andere Neuigkeit in diesem Buch. Wer das nicht kann und mehr als fünf Minuten nachdenken muss: Super! Dieses Buch bringt auf jeden Fall neue Erkenntnisse.

Jetzt aber endlich zur Preisfrage: Was zum Teufel ist denn nun das Natural-Leadership-Prinzip? Ganz einfach: Das Natural-Leadership-Prinzip ist die Kunst, sich selbst zu führen (vgl. Abb. 1.1). Denn Führung in jeglicher Form beginnt immer erst einmal bei uns selbst. So entsteht die Basis für gute Führung, weil wir Menschen ziemlich gute Beobachter sind. Auch wenn wir das manchmal gar nicht merken. Wir beobachten andere Menschen, ihr Verhalten, dass was sie sagen und das was sie tun. Je kongruenter Aussagen und Verhalten sind, umso besser können wir sie einschätzen. Wenn wir dann noch an ihrer Werteskala anknüpfen können, dann folgen wir ihnen. Im Grunde ist das Buch hier schon am Ende: Tue was Du sagst, sage was Du tust und lebe Deine Werte. Fertig ist die Laube … Spaß beiseite: Das ist das Fundament des Natural-Leadership-Prinzips. Erfahrungsgemäß wissen das aber bereits die meisten. Oder mit anderen Worten: Wissen ist oft nicht das Problem. Das Problem ist die Umsetzung. Paradoxerweise benötigt eben diese Umsetzung noch eine Prise Wissen. Aber keine Sorge: Es ist keine Raketenwissenschaft, son-

Abb. 1.1 Natural Leadershipe = Selbstführung

dern ein differenzierteres Verständnis für sich selbst und somit für andere. Wichtig ist nur, dass wir nicht bei anderen, sondern immer erst bei uns selbst anfangen. Es geht beim Führen nämlich nicht darum andere Menschen zu verändern oder sie dahin zu drängen. Es geht darum, Menschen ihren Stärken nach einzusetzen und diese zu fördern. Das kann nur, wer in der Lage ist, sich selbst zu führen ohne die eigenen Schwächen zu vertuschen, sondern sie zu akzeptieren.

1.2 Charisma ist nicht angeboren

Führen mit Charisma. Das ist das Ideal. Dumm nur, dass man Charisma angeblich nicht lernen kann. Charismatische Menschen sind anziehend. Sie haben eine Aura um sich, in die man gern eintauchen möchte. Man möchte sich mit ihnen unterhalten und ein Stück von dieser Aura abbekommen. Eines der besten Beispiele für Charisma ist wohl Barack Obama. Egal ob man seinen politischen Überzeugungen zustimmt oder nicht, Charisma spricht ihm niemand ab. Andere Klassiker in puncto Charisma sind beispielsweise Julia Roberts, Christine Lagarde, John F. Kennedy, Prinzessin Diana, Martin Luther King und Steve Jobs. Alles wahnsinnig gut aussehende Menschen, keine Frage … Aber auch Bill Gates, Steven King und Hanna Arendt reihen sich in etwas höherem Alter ein. Aussehen scheint zwar ein Faktor, aber nicht ausschlaggebend zu sein. Beispielsweise galt Prinz Charles in seinen jungen Jahren als gutaussehend, aber nicht als charismatisch …

Charisma ist etwas von Gott Gegebenes. So zumindest die einhelligen Meinungen. Die einen haben es, die anderen eben nicht. Das ist zwar nicht korrekt, aber nicht weiter erstaunlich, wenn man auf die Bedeutung des Wortes blickt. Ein alltagstauglicher Blick auf Wikipedia verrät:

> „**Charisma** ([ˈçarɪsma, çaˈrɪsma, ˈkarɪsma oder kaˈrɪsma], von griechisch χάρισμα *chárisma* ‚Gnadengabe', aus ‚Wohlwollen gespendete Gabe') bezeichnet in der christlichen Tradition (Philo, Septuaginta, Neues Testament) etwas von Gott dem Menschen Geschenktes, wobei durch das Wort das Wohlwollen als Motivation der Gabe betont wird. Der Ausdruck wird dann vor allem bei Paulus für geistliche Fähigkeiten verwendet.

> In der Religionswissenschaft wird der Begriff einerseits für die Begabung oder Befähigung zum Empfang von Offenbarungen, Inspirationen oder Erleuchtungen verwendet, andererseits – verbunden mit religiöser Devianz und Innovation – für die Schaffung einer eigenen von einer bestimmten Gruppe anerkannten numinosen Autorität.
> Im Management gilt das Konzept der transformationalen Führung als eine Möglichkeit, diesen Begriff in der Praxis zu operationalisieren und bei der Entwicklung von Führungskompetenzen im Rahmen der Führungskräfteentwicklung anzuwenden.
> In der Soziologie bezeichnet es eine der drei Formen von Herrschaft. An diese Bedeutung schließt sich auch die alltagssprachliche Verwendung des Begriffs an, die unter dem „Charisma" eines Menschen dessen gewinnende „Ausstrahlung" bezeichnet." (Wikipedia, 2022)

Da ist es nicht weiter verwunderlich, dass sich der allgemeine Glaube durchgesetzt hat, dass Charisma angeboren, zumindest aber etwas Gott Gegebenes ist. Aber das stimmt nicht, denn ganz offensichtlich kann sich Charisma über die Jahre entwickeln. Da die meisten von uns sich nicht weiter damit beschäftigen, wie diese Entwicklung von statten geht, haben wir den Eindruck, dass Charisma auf einmal magisch entsteht. Es ist auf einmal da. Aber das ist ein Trugschluss. Wir haben nicht aufgepasst. Ähnlich wie bei Zaubertricks, geschah die Magie außerhalb unserer Aufmerksamkeitszone. Wir haben nur den Anfang und das Ende mitbekommen. Der spannende Mittelteil hat sich uns entzogen. Also ist es Magie. Zauberkünstler*innen nutzen diesen Teil unserer Aufmerksamkeitsdefizite für sich. Da hat auch niemand etwas dagegen. Schließlich ist es wahnsinnig unterhaltsam. Schwierig wird es erst, wenn wir behaupten, Dinge wären Gott gegeben, weil wir unsere Aufmerksamkeitsdefizite nicht kennen.

Um hinter den Trick zu kommen, müssen wir wissen, wie unser Verstand funktioniert. Keine Sorge, diesem Thema widmen wir uns ausführlich im nächsten Kapitel. Hier beschäftigen wir uns zunächst einmal mit der magischen Entwicklung charismatischer Persönlichkeiten, die sich unserer Aufmerksamkeit irgendwie entzogen hat. Aber vorher bedarf es noch einer genaueren Definition. Denn auch wenn wir alle eine Vorstellung davon haben, was und wer charismatisch ist, so haben wir doch oft Schwierigkeiten festzumachen, was es denn nun genau ausmacht. Äußerliche Attraktivität lassen wir hier einmal außen vor. Denn zum einen ist diese Geschmacksache und zum anderen folgt diese oft den im folgenden aufgezählten Punkten. Oder anders ausgedrückt: Wenn die Charisma-Eigenschaften ausgeprägt sind, wirken Menschen attraktiv (vgl. Abb. 1.2). Charisma setzt sich mindestens aus folgenden Eigenschaften zusammen:

- Selbstvertrauen
- Intelligenz
- Emotionale Intelligenz
- Energie
- Verantwortungsbewusstsein
- Kritik- und Entwicklungsfähigkeit
- Die Fähigkeit sich zurückzunehmen
- Geduld
- Kongruenz im Denken und Handeln

Während Kinder alle diese Fähigkeiten am Anfang noch mehr oder weniger aus sich heraus zeigen, verschütten viele sie im Laufe des Heranwachsens. Wer jetzt zuckt und denkt „Na na na … Verantwortungsbewusstsein ist bei Kindern ja wohl nicht vorhanden" irrt. Wer mal Kindergartenkinder beobachtet und dabei unsere gesellschaftlich geprägte, erwachsene Vorstellung von Verantwortungsbewusstsein hinten anstellt, wird feststellen, dass schon die Kleinsten Verantwortungs-

Perfektion

Charisma

Abb. 1.2 Perfektion vs. Charisma

bewusstsein haben. Das ist noch ungerichtet und bei den einen ausgeprägter als bei den anderen. Aber es ist vorhanden.

Schaut man sich ein im Spiel versunkenes Kleinkind an, hat man keinerlei Zweifel, dass es geduldig ist. Das Problem ist, dass bei uns Erwachsenen Geduld nur zählt, wenn wir bei etwas geduldig sind, was wir nicht so super gern mögen. Preisfrage: Verwechseln wir dann Geduld mit Hartnäckigkeit? Vorab: Ich glaube nicht, aber es macht sehr gut klar, dass wir einmal genauer hinschauen dürfen, worüber wir eigentlich sprechen und wie schnell wir Dinge als selbstverständlich abtun, die bei näherem Hinsehen ganz anders sein könnten. Normalerweise ist das unproblematisch, aber in dem Moment, in dem wir uns weiterentwickeln wollen, verschließen wir uns selbst unbewusst eine Menge Türen. Wir selbst verursachen Blockaden, wo keine sind und tun diese dann mit „Ist halt so" ab. Das schlimmste daran: Wir führen uns selbst aufs Glatteis. Ähnlich wie die Zauberkünstler*innen uns aufs Glatteis führen. Anfangs denken wir noch darüber nach, wie dieser Trick funktioniert, aber dann reicht uns die Faszination, wir sind bestens unterhalten. Am Ende wollen wir ja nichts selbst zaubern. So lange wir das wirklich nicht wollen ist auch alles schick. Aber was wäre wenn?

Natürlich würden wir uns dann so lange damit beschäftigen, bis wir es herausgefunden hätten. Und dann müssten wir üben. Denn Wissen allein genügt für einen Zaubertrick nicht. Übung macht Meister*innen. Soweit so theoretisch. Scheitern bei der Beschäftigung mit dem Thema schon die ersten, bleiben die Meisten beim Üben auf der Strecke. Und so ist es auch beim Charisma. Sich damit zu beschäftigen ist das eine, es dann auch soweit durchzuziehen bis ein merklicher Effekt eintritt, das andere. Das ist übrigens auch der Grund, warum so viele Fortbildungen so wenige Ergebnisse bringen: Dort wird Wissen vermittelt. Wissen allein hilft aber leider überhaupt nicht weiter. Man muss es auch umsetzen. Und zwar so lange, bis man es kann ...

Zurück zum Charisma und dazu, warum Natural Leader es früher oder später haben. Dazu sehen wir uns die einzelnen Punkte einmal genauer an:

Selbstvertrauen

Der Begriff sagt es im Grunde schon: Vertrauen in sich selbst. Das bedeutet nicht weniger als eine realistische Selbstwirksamkeitserwartung.

Im Gegensatz zum Größenwahn ist diese Eigenschaft erlernt. Menschen mit Selbstvertrauen und einer gesunden Selbstwirksamkeitserwartung haben durch Erfahrung gelernt, was sie bewirken können und was nicht. Das bedeutet, dass sie auch schon mal gescheitert sind und auch daraus wieder gelernt haben. Sie haben das Scheitern angenommen und sich daraus weiterentwickelt anstatt es zu negieren oder sich herauszureden. Menschen mit Selbstvertrauen haben immer eine gute Fehlerkultur für sich selbst und dadurch auch für andere. Sie kenne sich selbst. Sie wissen, was sie können und was nicht.

Intelligenz
Intelligenz bedeutet in diesem Fall nicht, dass man ohne Probleme ein Physikstudium mit Summa cum laude bestehen muss. Intelligenz versteht sich in diesem Kontext als die Fähigkeit, Zusammenhänge zu erkennen und diese entsprechend zu nutzen und/oder in das eigene Handeln mit einzubeziehen. Hier trennt sich die Charismaspreu vom Weizen. Schließlich gibt es genügend Doktoranden, die genau hierzu nicht in der Lage sind.

Emotionale Intelligenz
Inzwischen ist es kein Geheimnis mehr, dass Intelligenz sich aus verschiedenen Intelligenzen zusammensetzt. Der Einfachheit halber wird hier nur auf Intelligenz im herkömmlichen Sinne und auf emotionale Intelligenz referenziert. Emotionale Intelligenz ist in Bezug auf Charisma und Führung unumgänglich, da Menschen nun einmal Gefühlswesen sind. Auch wenn wir im Business und in Konfliktsituationen in anderen Bereichen so gern auf die Faktenebene reduzieren möchten: Gefühle sind immer zuerst am Start. Auch wenn wir es gern anders hätten, unser Gehirn funktioniert so. Wer das begreift und entsprechend nutzen kann, ist emotional intelligent. Manche können das intuitiv, andere lernen dies im Laufe der Zeit.

Energie
Niemand folgt einer Schlaftablette. Oder anders gesagt: Energie gewinnt immer. Wenn Du einen Raum betrittst, beobachte einfach mal, wer die meiste Aufmerksamkeit bekommt. Das sind immer die Personen mit der

meisten Energie. Achtung: Energie bedeutet nicht zwingend laut zu sein. Es gibt auch Menschen mit einer ruhigen, aber extrem starken Energie. Häufig entsteht diese durch ihre Aufmerksamkeit gegenüber der jeweiligen Situation und der agierenden Personen.

Verantwortungsbewusstsein
Sich der eigenen Verantwortung bewusst sein. Das bedeutet zunächst einmal für sich und die eigenen Handlungen Verantwortung zu übernehmen. Ohne wenn und aber. Wer das schafft, ist schon ein ganzes Stück weiter. Obacht! Das ist ziemlich schwierig, denn es bedeutet: Keine Ausreden, keine Rechtfertigungen und keine Entschuldigungen!

Kritik- und Entwicklungsfähigkeit
Wer verantwortungsbewusst ist, kann sich weiterentwickeln. Denn in dem Moment ist man auch kritikfähig. Wer keine Entschuldigungen mehr für sein Tun und Lassen sucht, öffnet sich selbst die Türen zur Weiterentwicklung. Abgesehen davon mögen wir Menschen, die kritikfähig sind. Rechtfertigungen sind ein Zeichen von Schwäche. Das klingt komisch, wenn man mal darüber nachdenkt, empfinden wir es aber so.

Die Fähigkeit sich zurückzunehmen
Wer andere glänzen lässt, glänzt selbst am meisten. Mehr gibt es dazu nicht zu sagen.

Geduld
Geduld erklärt sich am besten über die Erklärung von Ungeduld. Ungeduld entsteht, wenn wir ein Ergebnis früher erwarten, als es augenscheinlich eintreten wird. Jetzt ist die Preisfrage: Wie entsteht Geduld? Charismatische Menschen sind geduldig und wissen, dass unrealistische Erwartungen nicht förderlich sind. Sie wissen auch, dass das Leben manchmal unrealistische Bedingungen stellt. Aber anstatt Druck aufzubauen, nehmen sie den Druck, indem sie nach anderen Lösungen bzw. nach Hilfestellungen suchen. Im Zweifel halten sie den Druck aus und geben ihn nicht weiter.

Kongruenz im Denken und Handeln
Walk your talk, wie wir so schön neudeutsch sagen. Tue, was Du sagst und sage, was Du tust. Das klingt einfach, wird aber so gut wie gar nicht praktiziert. Darum fällt es bei charismatischen Menschen so positiv auf.

Und last but not least: Freude an Veränderung ...

1.3 Basis der Veränderung

Die meisten Menschen behaupten, dass sie kein Problem mit Veränderung hätten. Das Gegenteil ist in der Regel der Fall. Oder warum steht schon in so vielen Abibüchern als Abschiedswidmung „Bleib, wie Du bist"? Okay, das ist als Kompliment gemeint. Es ist so gemeint, dass man gut ist, wie man ist. Aber wenn wir das wörtlich nehmen, bekommen wir in unserer modernen Welt ein riesiges Problem und werden ganz schnell abgehängt. In einer Welt in der Veränderung basierend auf Computertechnologie exponentiell geworden ist, ist „Bleib, wie Du bist" inhaltlich gleichzusetzen mit „Sei morgen schon von gestern". Natürlich gilt „Bleib, wie Du bist" für unsere guten Eigenschaften und so ist es ja im Grunde auch gemeint. Trotzdem dürfen wir Vorsicht walten lassen, denn auch unsere guten Eigenschaften sind ausbaufähig. Außerdem ist es bis zu „Das haben wir immer schon so gemacht" und zu „War das denn alles schlecht, was wir bisher gemacht haben" nur ein ganz kleiner Schritt. Dabei gilt es zu unterscheiden. „Das haben wir schon immer so gemacht" ist in der Regel eher eine Abwehrhaltung und zäher aufzulösen. Es schwingt mehr Verteidigungshaltung mit, als bei „War das denn alles schlecht". Hier geht es darum zu bestätigen, dass bis zu diesem Punkt alles gut war und man sich jetzt einfach „nur" weiterentwickelt. Der Wille zur Weiterentwicklung ist im Prinzip schon vorhanden.

Erstaunlich, denn Leben ist Veränderung. Unser Körper verändert sich sekündlich. Zellen sterben ab und werden durch neue ersetzt. Selbst, wenn wir in vielen Routinen leben, erleben wir doch täglich Neues. Leider interessiert uns das immer weniger je älter wir werden. So wiederholen wir mit zunehmendem Alter immer mehr von dem, was wir schon kennen und erleben nichts Neues mehr. Wissenschaftler sind überzeugt, dass das der Grund dafür ist, dass uns mit zunehmendem Alter die Zeit immer schneller durch die Finger rinnt (Schäfer, 2014). Wir wiederholen das, was wir schon kennen. Unser Gehirn hält das für wenig signifikant und schenkt diesen Tätigkeiten wenig Aufmerksamkeit. Wir nehmen diese Zeit also nicht so intensiv wahr wie neue bzw. ungewöhnliche Ereignisse.

Die Preisfrage ist natürlich, ob und wie wir das ändern können und was Natural Leader anders machen. Sich die Neugier auf Neues zu bewahren, ist schon mal keine allzu schlechte Idee. Im Gegenteil. Dazu ein kleines Denkexperiment. Wir stellen uns einfach mal zwei Personen vor. Diesen beiden Personen erzählen wir, wie wir etwas Neues entdeckt und ausprobiert haben. Was das genau ist, ist egal. Ein neues Backrezept oder eine neue Sportart, am besten das, was Dich als Letztes begeistert hat. Beiden Personen erzählen wir jetzt mit Begeisterung unser Erlebnis. Die eine Person hört aufmerksam zu und ist von dem Neuen fasziniert. Die andere Person ist eher distanziert und meint, dass Neu nicht immer gleich gut ist. So im Tenor „Schuster bleib bei Deinen Leisten." Beide Personen sind uns dabei gleich freundlich gesinnt … Natürlich finden wir die Person, die begeistert ist, sympathischer. Das ist nicht weiter bemerkenswert, da sie uns ja zustimmt. Bemerkenswert ist, dass sie Interesse an unserem Erlebnis und an etwas Neuem hat. Sie ist neugierig auf das Erlebte. Und sie ist bereit, sich auf unser Erlebnis einzulassen. Das ist die andere Person nicht. Diese Bereitschaft des sich Einlassens setzt Neugier bzw. einen grundsätzlichen Willen zur Veränderung voraus. Achtung: das bedeutet nicht, dass wir, um charismatisch zu sein, jedem Stöckchen, das geworfen wird, hinterher rennen müssen. Es bedeutet, dass wir uns die Stöckchen genau anschauen und Interesse an dem Spiel an sich haben. Ob es den Lauf am Ende wert ist, entscheiden wir dann von Situation zu Situation neu.

Neugier bzw. grundsätzliches Interesse an Menschen und an Veränderung hat einen ganz entscheidenden Vorteil: Es macht geistig flexibel. Denn Veränderung beginnt immer zuerst im Kopf:

Basis der Veränderung

Wer denkt, was er immer dachte,
tut, was er immer tat,
der bekommt, was er immer bekam
und der bleibt, wer er immer war.

Wer aber werden will, was er nie war,
der muss bekommen, was er nie bekam,
wenn er tut, was er nie tat,
weil er denkt, was nie dachte.

Unbekannt

Oder anders: Wenn wir denken, was wir nie dachten, tun wir, was wir nie taten und bekommen, was wir nie bekamen und werden, was wir sein wollen ... Veränderung beginnt immer zuerst im Kopf. Das heißt, wenn wir irgendetwas anders haben wollen, als es gerade ist, müssen wir zunächst unser Denken, unsere innere Einstellung verändern. Leider hört es bei vielen in diesem Moment auf, denn ihre innere Einstellung ist ihnen heilig. Die äußeren Umstände sollen sich gefälligst ändern. Bei vielen Führungskräften sind es Strategie und Mitarbeitende, die sich immer wieder ändern sollen. Das ist bedauerlich, denn es macht alle verrückt und führt in der Regel zu nichts, da äußere Umstände häufig so sind, wie sie sind. Oft haben wir nicht einmal die Macht diese zu verändern. Dann wird halt gemeckert. Das ist noch weniger förderlich. Aber das, worüber wir Macht haben, nämlich über unsere Einstellung, unsere Art, wie wir auf Umstände reagieren, das ändern wir nicht. Verrückt, denn die innere Einstellung ist nicht in Stein gemeißelt und nicht gut oder schlecht. Sie ist eher wie ein Radio. Und was tun wir, wenn uns die Musik nicht gefällt, die gerade gespielt wird? Wir wechseln den Sender.

Achtung: Das bedeutet nicht, dass wir ständig unsere Meinung wechseln. Es bedeutet, dass wir unsere Reaktionen auf die Umstände ändern. Beispielsweise habe ich die Wahl, ob ich mich im Stau oder bei Bahnverspätungen aufrege. Meine Aufregung ändert nichts an den Umständen. Der Stau löst sich nicht auf und die Bahn kommt auch nicht schneller. Aber meine eigene Stimmung und die Atmosphäre um mich herum ändert sich entscheidend, wenn ich dem Ganzen gelassen begegne. Es ist eben, wie es ist, und jetzt mache ich/machen wir das Beste daraus. Das hat eine vollkommen andere Qualität.

Literatur

Charisma ist nicht angeboren

Wikipedia. (2022). *Charisma*. https://de.wikipedia.org/wiki/Charisma. Zugegriffen am 23.05.2022.

Basis der Veränderung

Schäfer, S. (2014, August). Warum vergeht die Zeit im Laufe des Lebens immer schneller? Zeit Online. https://www.zeit.de/zeit-wissen/2014/05/zeit-wahrnehmung-verlangsamung. Zugegriffen am 11.01.2023.

2

Basiswissen

2.1 Wie arbeitet der Verstand?

Bevor wir mit dem Natural-Leadership-Modell beginnen, noch ein wenig Basiswissen. Denn ohne Fundament kein Haus, geschweige denn ein Palast. Logisch, oder? Erstaunlich, dass viele Führungskonzepte dies entweder außer Acht lassen, oder einfach voraussetzen. Erfahrungsgemäß ist das Wissen bzw. das Bewusstsein darüber, wie unser Gehirn wirklich arbeitet erstaunlich sekundär. Auch hier ist häufig das reine Wissen weniger das Problem. Es wir oft einfach gar nicht erst in Beziehung zum eigenen Verhalten gesetzt. Paradox.

Im Grunde arbeitet unser Verstand wie ein Rekorder. Zugegeben, dass ist ein sehr vereinfachter daher ziemlich unwissenschaftlicher Vergleich. Denn im Vergleich zum Rekorder, der tatsächlich immer wieder die ursprüngliche Aufnahme der Dinge abspielt, macht unser Gehirn das nicht. Unser Gehirn geht immer zur letzten Erinnerung zurück und nicht zum Original. Das Original ist gar nicht mehr vorhanden. So fallen Dinge, die im ursprünglichen Vorgang enthalten waren, weg und Dinge, die nicht enthalten waren, kommen dazu. Das geht sogar so weit, dass wir uns an

Dinge lebhaft erinnern, die wir gar nicht selbst erlebt haben. Die Gedächtnisforscherin Julia Shaw vergleicht unser Gedächtnis mit einer Wikipediaseite. Erinnerungen können immer wieder umformuliert und neu geschrieben werden (Garde, 2020). Außerdem ist eine Erinnerung nicht an einem einzigen Platz gespeichert, sondern ein Netzwerk aus verschiedenen Informationen. Da kann es schon mal sein, dass unser Gehirn die einzelnen Punkte einer Erinnerung falsch verknüpft. Das geht sogar so weit, dass wir Erinnerungen haben, die wir gar nicht erlebt haben.

Warum das für Persönlichkeitsentwicklung und Führung wichtig ist? Beispielsweise ist ein Personalgespräch sinnlos, wenn wir über den zu besprechenden Zeitraum nicht immer wieder Notizen angelegt haben. Selbst wenn wir uns vor dem Gespräch vorbereiten, ist es sehr wahrscheinlich, dass unsere Erinnerung uns trügt. Abgesehen davon sind wir mit großer Sicherheit voreingenommen. Einer der vielen Denkfehler die unserem Verstand ganz selbstverständlich unterlaufen. In diesem Fall ist es der Confirmation Bias, der unsere Beurteilung in eine bestimmte Richtung lenkt. Wir sind voreingenommen.

Wir haben uns längst eine Meinung über die betreffende Person gebildet. Anstatt nun hinzugehen und uns wirklich neutral anzuschauen, wie der Zeitraum, über den wir sprechen wollen, objektiv gelaufen ist, suchen wir unbewusst nach Bestätigungsreferenzen für unsere vorgefasste Meinung. Wissen tun das inzwischen schon sehr viele Führungskräfte. Bewusst damit umgehen, tun die wenigsten. Frei nach dem Motto: Bei mir ist es nicht so schlimm. Ich weiß es ja, also passiert mir das nicht. Diese Annahme ist leider falsch. Natürlich schlägt der Confirmation Bias, die sogenannte Bestätigungstendenz, immer wieder zu. Wissenschaftler*innen sind sich dessen bewusst. Das ist einer der Gründe, warum seriöse Wissenschaftler*innen ihre Thesen widerlegen und nicht bestätigen wollen. Das wäre doch mal ein spannender Ansatz für eine Personalbeurteilung. Eine Beurteilung erstellen und dann Belege suchen, welche diese Beurteilung widerlegen … Sollten überhaupt keine Belege gefunden werden, dann spricht einiges dafür, dass die Beurteilung Bestand hat. Zumindest, wenn man sich im Kopf nicht selbst beschummelt hat.

Abgesehen von den Unmengen an Fehlern, die unser Verstand so macht, sind wir die Summe unserer Erinnerungen, Beurteilungen und Gefühle. Alles was wir neu erleben, wird vor diesem Hintergrund einsortiert. So kommt es, dass ein und dasselbe Ereignis bei einer Person ein freudiges Jauchzen und bei der anderen Person maximales Unwohlsein hervorrufen. Selbst dieses Buch wird von jedem Lesenden anders erinnert und beurteilt werden. Das liegt weder am Ereignis noch am Buch. Es liegt an der Summe der Erinnerungen, Beurteilungen und Gefühle, auf die es trifft.

Darüber hinaus kommt noch ein weiterer Aspekt ins Spiel: Unsere Erwartungen. Werden wir enttäuscht, so liegt die Ursache für die Enttäuschung nicht an einer Person, einem Ereignis oder ggf. an einem Buch. Die Ursache liegt an unseren eigenen Erwartungen. Wer keine Erwartungen hat, kann auch nicht enttäuscht werden. Nun ist aber klar, dass wir im Arbeitsalltag mit Erwartungen beispielsweise in Form von Unternehmenszielen konfrontiert werden. Das ist völlig normal. Und natürlich haben wir an unsere Mitarbeitenden Erwartungen, welche und manchmal auch wie sie ihre Aufgaben erfüllen sollen. Bis hier hin noch unproblematisch. Problematisch wird es, wenn wir unsere Erwartungen nicht klar kommuniziert haben.

All das läuft unbewusst ab, wird einkalkuliert und beeinflusst uns. Natürlich müssen wir das nicht ständig bewusst in Betracht ziehen, wir würden früher oder später schlicht wahnsinnig werden und nichts mehr auf die Kette kriegen. Aber es ist durchaus sinnvoll, sich immer mal wieder daran zu erinnern.

Beispielsweise ist es durchaus sinnvoll, sich die eigenen Erwartungen vor jeder neuen Aufgabe ganz kurz vor Augen zu führen, sie zu überprüfen und dann an die ausführenden Mitarbeitenden zu kommunizieren. Klingt selbstverständlich, fällt aber ganz häufig dem Satz „Das ist doch wohl selbstverständlich" zum Opfer. Missverständnisse und Unzufriedenheit sind hier auf beiden Seiten vorprogrammiert. Schade, denn es wäre so leicht zu ändern.

2.2 Wie wir lernen

Lernen ist kein Prozess, den wir bewusst steuern können. Bitte was? Ja, ganz richtig: Wir können nicht bewusst steuern, was wir wann und wie schnell lernen. Wenn wir das könnten, hätten wir keine Probleme mal eben eine neue Sprache, Gitarre oder neue Verhaltensmuster zu lernen. Wir würden uns einfach, wie einen Computer auf unser Target programmieren und schwuppdiwupp könnten wir es. Wäre schön, funktioniert so aber nicht. Aber es funktioniert so ähnlich.

Lernen ist im Grunde ein simpler Trial-Error-Adjust-Repeat-Prozess: ausprobieren, scheitern, anpassen und wieder von vorn beginnen. Am besten kann man diesen Prozess bei Kindern, die Laufen lernen, beobachten. Sie tasten sich langsam ans freie Stehen heran. Das üben sie so lange, bis sie den ersten Schritt machen und hinfallen. Das üben sie so lange, bis sie herausgefunden haben, wie sie sich ausbalancieren müssen. Dann werden Tempo- und Geländevariationen geübt. Ein Prozess, der ziemlich lange dauert und viel Geduld braucht. Gott sei Dank hatten wir diese als Kinder alle noch. Hätten wir als Kinder den gleichen dünnen Geduldsfaden wie heute, würden wir uns alle auf dem Bauch robbend vorwärtsbewegen. Laufen könnten in unseren Augen nur die wirklich Begabten. Dass die Begabten einfach viel länger geübt haben, würden wir geflissentlich ausblenden.

Gut, dass wir als Kinder noch sehr viel bereitwilliger sind, wenn es darum geht, neue Dinge auszuprobieren. Wir haben dann noch unsere natürliche Neugier. Diese wird während des Erwachsenwerdens in vielen Fällen nach und nach eingeschränkt. Auch unser Geduldsfaden wird kürzer und dünner. Negative Erlebnisse, Eltern und Lehrer*innen aber auch unsere Peergroup sind Faktoren, warum wir uns immer weniger fröhlich in neue Lernabenteuer stürzen.

Professor Dr. Ullmann von der Universität Würzburg definiert lernen wie folgt: „Lernen erweist sich, wie die gegenwärtige Neurobiologie belegt, als komplexer Prozess, der im menschlichen Gehirn vielschichtig stattfindet. Beim Lernen werden Neuronenverbände plastisch miteinander vernetzt, sodass sich komplexe Netzwerke und Systeme bilden. Lernerfolg kann mit der Generierung oder Modulation synaptischer Verbindungen in Verbindung gebracht werden. Je mehr synaptische Verknüpfungen entstehen und durch Wiederholung des Lernstoffs sich festigen, desto besser kann das Erlernte in bereits vorhandenes Vorwissen integriert werden." (uni-würzburg.de, 2015)

Anders ausgedrückt: Unser Gehirn knüpft Wissensnetzwerke. Je öfter wir so ein Netzwerk nutzen, umso fester wird es und umso größer wird es, wenn wir Dinge dazu lernen. Es gibt kleine, feste Netze und große. Je nach dem Grad unseres Wissensstandes auf dem jeweiligen Gebiet. Nutzen wir die Netze regelmäßig, bleiben sie stabil. Hören wir auf sie zu nutzen, baut das Gehirn die Verbindungen irgendwann wieder ab: Use it or Loose it. Die gute Nachricht ist: Wir können unser Leben lang Netze knüpfen, wenn wir diese Fähigkeit regelmäßig nutzen. Wenn nicht, dann greift auch hier „Use it or Loose it". Wer sich also geistig fertig wähnt, hat den geistigen Rückzug bereits angetreten. Ein wunderbares Gegenbeispiel ist der ehemalige Bundeskanzler Helmut Schmidt. Bis zum Schluss hat er sich für die Fragen der Weltpolitik interessiert und sich den neu aufkommenden Problemen gewidmet. Im Gegensatz zu vielen seiner Kolleg*innen, die irgendwann alle politischen Probleme immer mit der gleichen Formel lösen wollten, hat Schmidt immer wieder neu analysiert und neue Lösungen gesucht. Er hat seine Hirnnetze immer wieder herausgefordert und erweitert.

Wir halten fest: „Was Hänschen nicht lernt, lernt Hans nimmermehr" ist falsch. Wir können bis ins hohe Alter lernen. Aber nur, wenn wir uns die Fähigkeit dazu erhalten.

2.3 Prozess: Erkennen und bewerten

Wenn wir lernen wollen, zunächst uns selbst und später andere zu führen, dann ist es sinnvoll, dass wir uns selbst auf die Schliche kommen, dass wir wissen, was in unserem Kopf vor sich geht. Soweit, so klar. Eine der Preisfragen, die es hierzu zu beantworten gilt, ist: Wie gelangen die Informationen überhaupt in unseren Kopf? Und welche werden verarbeitet und welche nicht? Denn wenn wir davon ausgehen, dass jeder Mensch die Welt nur vor dem Hintergrund der eigenen Erlebnisse, Erfahrungen und damit der eigenen Prägungen beurteilen kann, ist es nicht uninteressant zu wissen, welche Erlebnisse und Erfahrungen hängen bleiben und wie das Ganze funktioniert. Wir starten mit einem Schlüsselprozess aus der Wahrnehmungspsychologie: Erkennen und bewerten.

Erkennen: Wir erkennen einen Gegenstand, eine Situation oder ein Wesen

Bewerten: Was fangen wir damit an? Wir verhalten wir uns adäquat?

Eigentlich ganz einfach. Setzt aber voraus, dass wir Gegenstand, Wesen bzw. Situation bereits so oder so ähnlich kennen. Davon gehen wir im ersten Szenario einmal aus.

> **Beispiel**
>
> Folgende Situation: Vor uns auf dem Fußboden liegt ein runder Gegenstand. Er hat ungefähr einen Durchmesser von 30 Zentimetern und ist rot. Er ist ein wenig klebrig und lässt sich ganz leicht zusammendrücken. Schwer ist er nicht, aber auch nicht federleicht. Wenn wir ihn zurück auf den Boden fallen lassen, springt er zurück. Was ist das für ein Gegenstand?

Genau, es ist ein roter Gummiball. Wie sind wir darauf gekommen? Unser Gehirn hat sich mit den Informationen auf die Suche gemacht und in seinen Schubladen gekramt und abgeglichen: Kenn ich, kenn ich nicht, kenn ich, kenn ich nicht. Passt, passt nicht, passt, passt nicht. Und hat dann in Windeseile eine Entscheidung getroffen und gemeldet: Das ist ein Gummiball. Das ist der Prozess „Erkennen". Er läuft in dieser Form permanent ab. Wir scannen ständig unsere Umgebungen und unser Gehirn erkennt, wo wir sind, was wir gerade tun und mit wem. Und dann läuft fast gleichzeitig der Prozess „Bewerten" ab. Es ist der Prozess, der entscheidet, was wir mit der jeweiligen Situation anfangen bzw. wie wir darauf reagieren. Das wiederum hängt von unseren Erfahrungen und den daraus gebildeten Vorlieben ab.

Am Beispiel des roten Gummiballs, wäre die Reaktion meines Sohnes, dass er an dem Ding vorbei schlurfen würde und ihn keines Blickes würdigen würde, obwohl er ihn durchaus wahrgenommen hat. Mein Sohn ist kein Ballsportler. Mit zehn Jahren hat er den für unsere Familie legendären Satz gesagt „Mama, ich hab's nicht so mit Bällen."

Unser damaliger Nachbarsjunge hätte in der gleichen Situation den Ball Vollspann genommen und zu sich rüber in den Garten gezimmert. Ein leidenschaftlicher Fußballer bis zum heutigen Tag.

Wäre ich an dem Ball vorbei gegangen, hätte ich ihn genervt genommen, in die Garage gepackt und meinen Sohn und meinen Mann angemeckert, sie sollten gefälligst keine Bälle im Garten liegen lassen. Sie wüssten doch, dass die Hunde den Ball sofort schreddern würden.

Ein und derselbe Gegenstand und drei vollkommen unterschiedliche Reaktionen. Und jetzt die Preisfrage: Was hat der rote Gummiball damit zu tun? Genau: gar nichts! Unsere Reaktionen auf Gegenstände, Wesen und Situationen speisen sich aus unseren Erfahrungen, Vorlieben und Abneigungen. Zweite Preisfrage: Wenn die Reaktionen auf eine einfache Situation in der ein roter Gummiball unschuldig im Garten liegt schon so unterschiedlich ausfallen, wie ist es dann erst in komplexen Situationen, in die wir uns täglich mehr oder weniger freiwillig in unserem Job begeben? Wenn wir davon ausgehen, dass alle Menschen, die in eine Situation involviert sind, sie unterschiedlich wahrnehmen und bewerten, dann ist es eigentlich ein Wunder, dass wir nicht in heillosem Chaos landen. Schauen wir uns vor diesem Hintergrund einmal Missverständnisse oder einfach nur Meetings, in denen aneinander vorbeigeredet wird, an, ist es viel leichter zu verstehen, warum aneinander vorbeigeredet wird bzw. warum Missverständnisse überhaupt entstehen. Natural Leader*innen wissen das. Das ist auch der Grund, warum sie scheinbar mühelos Situationen lesen und entsprechend darauf reagieren können. Dabei geht es im ersten Schritt nicht um Verhandlungstaktiken oder rhetorische Fähigkeiten. All das hilft, keine Frage. Es ist aber auch vollkommen nutzlos, wenn man die Grundlagen menschlicher Wahrnehmung nicht verstanden hat. Wahr ist für uns Menschen das, was wir für wahrnehmen. Was wir für wahr halten. Und das ist in der Regel das, was wir wahrnehmen. Aber Wahrnehmung ist nicht neutral. Ein wichtiger Prozess der Wahrnehmung ist „Erkennen und Bewerten" … Das können wir nicht abstellen. Grundsätzlich ist das kein Problem. Wir müssen uns dessen nur bewusst sein.

2.4 Bewusst – Unbewusst

Bevor wir mit dem Thema „Bewusst – Unbewusst" beginnen: Dies ist keine wissenschaftlich korrekte Definition. Hier geht es lediglich darum, dass wir uns bewusst machen, welche Mechanismen tagtäglich unbewusst, also ohne unser aktives Denken ablaufen und uns steuern. Genau an dieser Stelle wird ein Schuh draus: Mechanismen, die uns steuern, ohne dass wir es bemerken. Normalerweise gehen wir davon aus, dass unsere Entscheidungen rational und mit Bedacht getroffen werden. Wir gehen davon aus, dass wir alle unsere Entscheidungen auch hätten anders fällen können. Das Gegenteil ist der Fall. Je nach Quelle sollen 90–99,9 % der Reize, die auf uns einströmen und damit auch der Großteil unserer Entscheidungen unbewusst gefällt werden (vgl. Abb. 2.1). Eine seriöse wissenschaftliche Berechnung gibt es nicht. Sicher ist, dass der weitaus größte Teil unbewusst abläuft (Kiesel, 2020).

Das ist zunächst einmal eine gute Nachricht. Denn wenn wir in jeder Situation alles wahrnehmen und bewusst verarbeiten würden, würden wir entweder durchdrehen oder einen dieser riesigen Alienwasserköpfe

Abb. 2.1 Realität hängt vom Standpunkt ab

mit einen Monstergehirn haben, um der Datenflut Herr zu werden. Da wir aber schon ein für unsere Körper sehr großes Gehirn haben und wir rein biomechanisch nicht viel mehr Zugeständnisse an die Größe dieses Organs machen könnten, greift die Evolution zu einem Trick: Maximal effiziente Datenverarbeitung. Ein Teil der überlebensunwichtigen Informationen wird schon vor der Verarbeitung aussortiert und gar nicht erst verarbeitet. Der Teil, der in die Verarbeitung gelangt, wird zum größten Teil so verarbeitet, dass er wenig Kapazität und damit wenig Zeit und Energie verbraucht: unbewusst. Ein gutes Beispiel, wie das funktioniert, geschieht genau in diesem Augenblick, in dem Du dieses Buch liest. Die Buchinformationen, die gelesen werden, werden bewusst aufgenommen und verarbeitet. Dies geschieht im präfrontalen Kortex mit einem sehr hohen Energieaufwand und doch verhältnismäßig langsam. Währenddessen werden hunderte von Informationen nebenher verarbeitet. Rund um das Buch und die Buchstaben herum läuft das periphere Sehen. Es wird immer ein wenig die Umgebung gescannt. Vermutlich ein steinzeitliches Bodyguardprogramm. Außerdem spürst Du die Sitzauflage, das Buch in Deinen Händen und vielleicht sogar Deine Kopfhaut. Im Augenwinkel bemerkst Du, wie Dein Haustier sich auf die andere Seite dreht und schnauft. Vielleicht hast Du das Fenster auf und hörst die Straßengeräusche oder vielleicht läuft gerade Deine Spülmaschine. Alles Reize, die unbewusst wahrgenommen werden. So funktioniert unsere Wahrnehmung mit allem, was wir erleben. Nur ein kleiner Teil des Gesamterlebnisses dringt überhaupt in unser Bewusstsein vor. Darüber hinaus vergessen wir viele Erlebnisse ganz schnell wieder, obwohl sie als Erinnerung noch irgendwo in unserem Gehirn gespeichert sind. Viele Erinnerungen können wir bewusst nicht mehr abrufen und trotzdem sind sie da. Ein schönes Beispiel hierfür sind Momente, in denen wir um eine Straßenecke biegen und plötzlich einen Geruch in der Nase haben, der uns an einen anderen Ort in einen früheren Lebensabschnitt katapultiert. Oft müssen wir kurz nachdenken, woran uns dieser Geruch erinnert, bis es plötzlich ganz klar wird. Eine Erinnerung, die wir eigentlich schon vergessen hatten und in der Regel auch ziemlich schnell wieder vergessen werden. Erst wenn uns dieser Geruch wieder einmal in die Nase steigt, ist die Erinnerung wieder da.

Außerdem gibt es Erinnerungen, die uns gar nicht wie Erinnerungen vorkommen. Die nennen wir gern Erfahrungen. Wir sind die Summe unserer Erfahrungen. Gute, schlechte, bewusste und unbewusste. Das ist soweit auch okay, dass Problem ist nur, dass wir sehr viele unbewusste Erfahrungen mit uns rumschleppen und diese unbewusst in alle unsere Entscheidungen und in unser Verhalten mit einfließen. Grundsätzlich ist das weder gut noch schlecht. Es ist einfach so. Ideal ist es, wenn wir uns darüber bewusst sind.

Es gibt Prozesse und Abläufe, die haben wir irgendwann einmal bewusst gelernt, spulen sie aber inzwischen vollkommen automatisiert ab. Viele unserer Verhaltensweisen und Reaktionen gehören dazu. So gibt es Dinge, Menschen oder Situationen, bei denen sind wir von 0 auf 100 in Millisekunden.

2.5 Schnelles Denken – Langsames Denken (Kahnemann-Modell)

Der Psychologe und Wirtschaftsnobelpreisträger Daniel Kahnemann beschreibt bewusste und unbewusste Prozesse in seinem Buch „Schnelles Denken – Langsames Denken" (Kahnemann, 2012) mit System 1 und System 2. Dabei ist das System 1 laut Kahnemann das schnelle, emotionale System, welches eher Instinktbasiert arbeitet. Anders gesagt: Wir müssen nicht lange nachdenken. Wir reagieren in diesem System einfach. Alle Gewohnheiten sind beispielsweise hier angesiedelt. Dieses System arbeitet so effizient, dass wir manchmal ganz plötzlich an unserem Arbeitsplatz sitzen und keine Ahnung haben, wie wir dort hingekommen sind. Mit schlafwandlerischer Sicherheit hat System 1 uns an unseren Arbeitsplatz gebracht. In solchen Momenten erkennen wir bewusst, durch den Schreckmoment das System. Allerdings ist es auch am Start, wenn wir uns bewusst und rational wähnen. Denn in System 1 sind unsere Denkfehler zu Hause. Und mit „Denkfehler" sind nicht die kleinen Fehler, die uns bei der Berechnung unseres Urlaubsbudgets unterlaufen, gemeint. In diese Kategorie fallen die in der Psychologie als „kognitive Verzerrung" bekannten Fehler. Die Denkfehler, die unser Gehirn automatisch macht, ohne dass wir es merken. Die bereits erwähnte Bestätigungstendenz gehört in diese Kategorie.

Kahnemanns System 2 ist das rationale, langsame, abwägende System. In dem wir, laut Kahnemann, wesentlich seltener unterwegs sind, als wir es gemeinhin denken. Das System 2 braucht viel Energie und ist daher eher faul. Denn unser Gehirn stammt aus einer Zeit, in der Energie, also Nahrung, noch nicht im Überfluss vorhanden war. Also hat die Evolution sich erstaunlich viele Energiespar- und Einlagerungsmaßnahmen ausgedacht. Die Einlagerung stört uns heute in Form von Rettungsringen um unsere Taillen. Diese bemerken und bekämpfen wir. Die Sparmaßnahmen im Hirn bleiben von uns in der Regel unbemerkt. Aber sie sind am Start. Und zwar in der Form von Denkgewohnheiten und damit auch in Form von kognitiven Verzerrungen. Immer wenn wir schnell eine Lösung, eine Meinung oder ein Urteil fällen, ist die Wahrscheinlichkeit hoch, dass unsere höheren Denkfunktionen aus System 2 gar nicht am Start waren. Viel eher ist unser schnelles System 1 angesprungen und hat den Job ganz fix erledigt. Alle, die schon einmal eine Aufgabe in einem Test falsch beantwortet haben, weil sie die Frage falsch verstanden haben, kennen das. Tatsächlich verstehen wir die Frage gar nicht falsch. Viel mehr springt System 1 auf ein oder zwei Stichworte in der Frage und zaubert sofort die Antwort aus dem Hut, bevor System 2 überhaupt anspringt und die Frage gründlich durchlesen kann. In einem Test wahnsinnig ärgerlich. Aber in der Steinzeit, aus der unser Gehirn stammt, stellten sich solche Fragen eben noch nicht. In dieser Zeit war es absolut ausreichend höchstens einmal pro Tag für ein paar Sekunden das rationale System 2 anzuschalten, wenn überhaupt. Die Welt und das Leben waren viel einfacher als heute. Ja, unser Sozialverhalten war auch zu Familie Feuersteins Zeiten schon komplex, aber die Welt und die Gesellschaft, in der wir lebten, waren es nicht. Damals war System 1 prima für den Alltag und System 2 wurde mal hinzugezogen, wenn man entscheiden sollte, ob man nun nomadentechnisch weiterzieht oder bleibt. Aber eben nicht mehr.

Heute entscheiden wir täglich mehrmals über komplexere Sachverhalte. Das dumme ist: unser Gehirn ist darauf nicht eingestellt. Also beschupst es uns: Es gaukelt uns vor in System 2 unterwegs zu sein. In Wirklichkeit regelt es die meisten Dinge dann doch wieder in System 1 und macht eben Fehler.

Ein klassischer Fehler ist, dass wir denken, wir könnten Menschen beurteilen ohne sie über einen längeren Zeitraum akribisch zu monitoren. Beurteilung von Mitarbeitenden fallen in diese Kategorie. Führungskräfte beurteilen Mitarbeitende anhand ihrer Erinnerungen und anhand ihres Eindrucks. Wenn wir aber zugrunde legen, dass schon unsere Erinnerungen mit verschiedenen Heuristiken (psychologischen Fehlern) behaftet sind und das Eindruck nur eine Momentaufnahme ist, die wir in der Folge immer wieder bestätigen, dann ist das mit der objektiven Beurteilung so eine Sache. Der Witz ist, wir verbringen nicht mal mit allen Mitarbeitenden die gleiche Zeit, meinen aber, alle gleich fair einschätzen zu können. Auch darin steckt ein Denkfehler. Denn von den Mitarbeitenden, mit denen ich mehr Zeit verbringe, habe ich mehr Daten. Und es gehört zum wissenschaftlichen Basiswissen, dass zu wenige Daten falsche aber zumindest unzureichend validierte Schlüsse nach sich ziehen. Wer also zu wenig Zeit mit seinen Mitarbeitenden verbringt und seine Daten nicht regelmäßig festgehalten hat, macht im Grunde eins: raten … Diese Fehler passieren in System 1. System 2 würde regelmäßig mit allen Mitarbeitenden sprechen. Manchmal als fest geplantes offizielles Gespräch, viel öfter aber als Gespräch nebenbei. Es würde sich einen Plan machen, wann und in welcher Form es mit wem sprechen würde und alles im Kalender verbindlich festhalten. Nach dem Gespräch würde es über das Gespräch eine Notiz machen und im Kalender zum neuen Termin auch schon das nächste Thema vermerken. Danach kann wieder System 1 übernehmen. Am Ende des Jahres hat man mindestens 12 kurze Gespräche mit den Mitarbeitenden geführt und hat eine wesentlich bessere Datenlage für eine Beurteilung und für ein Hauptgespräch, welches beide Seiten weiterbringt.

Teste Dein System 1 und Dein System 2

Um einmal am eigenen Leib zu erfahren, wie System 1 und System 2 funktionieren, folgender Test:
Lies einmal die folgenden Wörter laut vor:

Übung

Gelb Blau Orange Schwarz Rot Grün

Blau Schwarz Rot Lila Gelb Rot

Schwarz Rot Grün Blau Orange Grün

Gelb Rot Gelb Blau Rot Grün Lila

Orange Schwarz Lila Gelb Rot Blau

Gelb Blau Orange Schwarz Rot Grün

Blau Schwarz Rot Lila Gelb Rot

Schwarz Rot Grün Blau Orange Grün

Gelb Rot Gelb Blau Rot Grün Lila

Orange Schwarz Lila Gelb Rot Blau

Das war System 1. Easy, oder? Dann lass uns System 2 testen! Schau Dir die Wörter noch einmal an und nenne bitte in der Reihenfolge der Wörter die Farbe, in der die Wörter geschrieben sind!
Und? Wir war es? Häufig geht es am Anfang noch recht flott, aber nach und nach werden wir immer langsamer und müssen uns bewusst konzentrieren. Willkommen in System 2! So fühlt sich bewusstes Denken an. Wenn wir uns jetzt einmal überlegen, wann sich Denken das letzte Mal so angefühlt hat, dann ist das schon erschreckend, oder? Ein Grund mehr, sich darüber immer mal wieder bewusst zu werden, wenn wir rationale Entscheidungen treffen wollen.

2.6 Dunning-Kruger-Effekt

Kennst Du Menschen in Deinem Umfeld, vielleicht sogar in Deinem Unternehmen, die sich und ihre Fähigkeit mehr oder weniger überschätzen? Bei mir gab und gibt es da so einige. Das Andere das von mir behaupten, glaube ich nicht. Ich schätze mich sehr realistisch ein. Tatsächlich? Ist das nicht schon eine Fehleinschätzung? Wir sprechen hier nicht von unterschätzen, sondern von überschätzen … Überschätzung beginnt oft schon in dem Moment, in dem wir behaupten, wir könnten uns realistisch einschätzen. Wenn wir unsere Denkfehler alle in Betracht ziehen, dann sind alle unsere Einschätzungen, auch die von uns selbst, zumindest einmal voreingenommen. Noch wahrscheinlicher ist, dass einer der populärsten Effekte dabei zuschlägt: Der Dunning-Krugger-Effekt.

Noch ein schneller Einwurf, bevor wir starten: Der Effekt schlägt nicht immer zu. Es ist aber fast sicher, dass er bei allen Menschen öfter als gedacht mit trauter Regelmäßigkeit auftritt. Dunning-Kruger besagt, dass Menschen dazu neigen, ihre Fähigkeiten systematisch zu überschätzen, vor allem, wenn ihre Fähigkeiten gar nicht so großartig sind (vgl. Abb. 2.2). Anders ausgedrückt, je weniger wir von einer Sache verstehen, umso eher sind wir geneigt zu glauben, dass wir ganz gut darin sind bzw. wären (Voss, 2020). Millionen Hobbytrainer und -schiedsrichter bezeugen dieses Phänomen eindrucksvoll an jedem Fußballwochenende.

Benannt ist der Effekt nach den amerikanischen Psychologen David Dunning und Justin Kruger. Die Beiden haben das Phänomen sehr gut erforscht. In einem ihrer Tests ließen sie Proband*innen Grammatiktests durchführen. Vor dem Test sollten die Teilnehmenden eine Einschätzung abgeben, wie gut sie denn abschneiden würden. Am Ende schnitten die am schlechtesten ab, die zu Beginn der Meinung waren, dass sie das Kind schon schaukeln würden … Der Sprung zur Einschätzung, ob man selbst führen kann oder nicht, ist da nicht weit. Menschen, die noch nie geführt haben, sind in der Regel der Meinung, sie könnten das. Aber auch gestandene Führungskräfte meinen in neuen Situationen, sie könnten fundierte Entscheidungen treffen, obwohl sie vor einer vollkommen neuen Situation stehen.

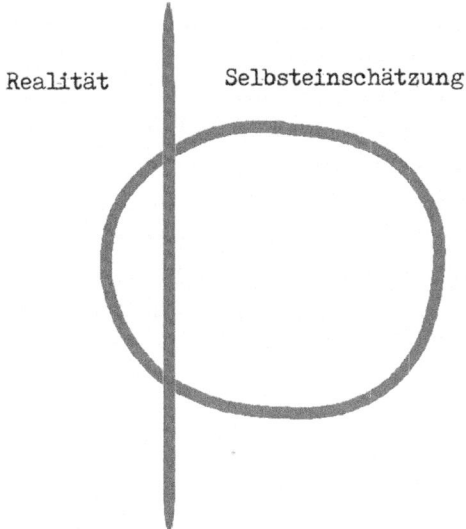

Abb. 2.2 Dunning-Kruger-Effekt

Das perfide daran ist: Dunning-Kruger schlägt unbemerkt zu. Beispielsweise im Straßenverkehr. Junge Männer sind die Gruppe der Auto- bzw. Motorradfahrer, die meint, sie könnte so richtig gut fahren. Sie hätten alles im Griff. Die Statistiken sagen etwas ganz anderes: Junge Männer sind die Gruppe der Verkehrsteilnehmenden, mit der höchsten Unfallquote. Bei aller Liebe, aber da stimmt doch was nicht. Und ich bin mir ziemlich sicher, dass es nicht die Statistiken sind.

Expert*innen gehen davon aus, dass der Effekt uns grundsätzlich dienlich ist. Denn nur, wer sich etwas zutraut, was er/sie nach realistischer Einschätzung nicht zwingend schaffen kann, probiert trotzdem neue

Dinge aus, geht Risiken ein und ist dadurch erfolgreich. Damit wir uns aber trauen, müssen wir uns innerlich selbst aufwerten. Manchmal machen wir das bewusst. Frei nach dem Motto: „Ich schaff das schon". Und manchmal passiert das unbewusst. Frei nach dem Motto:„„Klar, kann ich das".

Grundsätzlich können wir alle mit dem Dunning-Kruger-Effekt ganz gut leben. Wir überschätzen uns eben mal. So what? Das ist ja noch kein Beinbruch. Unangenehm wird es, wenn wir in eine Inkompetenzspirale geraten. Der Effekt besagt nämlich nicht nur, dass inkompetente Menschen dazu neigen, die eigenen Fähigkeiten zu über- sondern auch die Fähigkeiten kompetenter Menschen zu unterschätzen. So entsteht bei den Effekt-Betroffenen der Fehlschluss maximal Bescheid zu wissen und alle Anderen wüssten es einfach nicht so gut. Fatal, da in der Regel das Gegenteil der Fall ist. Schlimmer wird es dadurch, dass fast immer die Notwendigkeit sich fortzubilden, massiv unterschätzt wird. Wer jetzt an aktuelle oder ehemalige Vorgesetzte denkt, liegt vermutlich gar nicht so verkehrt. Zusätzlich dürfen wir uns auch getrost an die eigene Nase fassen. Die Erkenntnis das auch Führung lebenslanges Lernen erfordert, ist leider immer noch allzu häufig Opfer des besagten Effekts.

Aber was hilft denn nun dagegen? Einschätzungen von Außen und ein Vergleich der eigenen Ausbildung, des eigenen Hintergrundwissens mit dem der Expert*innen. Die Einschätzungen von Außen geben am besten nicht direkt Beteiligte ab. Die Wahrscheinlichkeit einer neutralen Beurteilung ist ungleich höher. Wenn wir selbst den Abgleich vornehmen, dann müssen wir zwingend Ausbildung und tägliche Beschäftigung mit dem Aufgabengebiet, um welches es geht, mit einbeziehen. Am Beispiel von Fußballtrainer*innen wird dann ziemlich schnell deutlich, dass deren Kompetenz um ein vielfaches höher sein muss. Wer sich hauptberuflich acht Stunden am Tag, fünf Mal in der Woche und beim Spiel am Wochenende mit Fußball und der eigenen Mannschaft beschäftigt und das über Jahre hinweg, hat mit 100 prozentiger Wahrscheinlichkeit mehr Ahnung von der Sache, als Hobbyfußballer*innen, die drei Mal pro Woche beim Training sind und am Wochenende Fußball gucken … Allein der Zeitaufwand spricht dagegen. Und nein, Hobbyfußballer*innen sehen von außen nicht besser, was vor sich geht. Hobbyfußballer*innen vergessen, wie riesig das Betreuer- und Beobachterteam einer Profimannschaft ist und verschätzen sich auch hier gewaltig. Dunning-Kruger lässt grüßen.

2.7 Kompetenzstufen-Modell

Anderen auf die Schliche zu kommen, fällt uns in der Regel sehr leicht. Bei uns selbst ist es meist ungleich schwerer, da unsere Psyche unser Selbstbild nach allen Regeln der Kunst beschützt. Die Mechanismen zu kennen und zu lernen damit umzugehen, ist eine lebenslange Aufgabe. Schon das Lernen an sich ist eine Herausforderung, obwohl wir alle lernen und schon oft bewusst und unbewusst gelernt haben. Daher sollten wir eigentlich wissen, wie es geht und welche verschiedenen Lern- bzw. Kompetenzstufen wir dabei durchlaufen. Und? Weißt Du es? Kennst Du die Kompetenzstufen, die wir durchlaufen, bis wir etwas wirklich können?

Die Kompetenzstufen (vgl. Abb. 2.3) sind:

- Unbewusste Inkompetenz
- Bewusste Inkompetenz
- Bewusste Kompetenz
- Unbewusste Kompetenz

Die unbewusste Inkompetenz ist die Stufe, in der Dunning-Kruger immer wieder zuschlägt. Die Stufe besagt, dass ein Individuum nicht kompetent ist, es aber nicht weiß. Das kennen wir alle. Beispielsweise wenn wir ein Instrument, eine Sprache oder eine neue Sportart lernen wollen. Wir sehen bei anderen, wie toll das sein kann und denken: Das kann ja nicht so schwer sein. Dieser Gedanke ist maximal inkompetent. Denn wir haben ja überhaupt keine Ahnung von der Materie. Wir wissen nicht, wie lange die Person gebraucht hat, um ihr Können zu perfektionieren. Darüber hinaus wissen wir nicht, ob die Person talentiert ist, geschweige denn, ob wir es sind. Macht nix: Kann ja nicht so schwer sein. Abgesehen davon sind wir ja musikalisch, sportlich und/oder sprachbegabt!

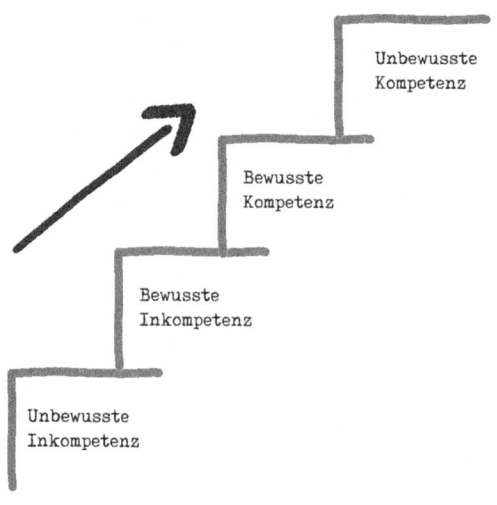

Abb. 2.3 Kompetenzstufen-Modell

Die nächste Stufe, die bewusste Inkompetenz, erreichen wir, wenn wir es das erste Mal ausprobieren. Dann merken wir plötzlich: Oh ... Ist doch nicht so einfach wie es aussieht. In dieser Stufe wird uns klar, wieviel Arbeit wir in die neue Fähigkeit stecken müssen. Kein Wunder, dass in dieser Stufe die meisten neuen Hobbys wieder aufgegeben werden. Allerdings sterben hier auch die meisten Erkenntnisse aus Fortbildungen und Seminaren, die Besserung in den Bereichen Kommunikation, Führung und Teamgeist bringen sollten. Müsste man eben üben ... Trotzdem ist die Stufe nicht nur negativ. Das Positive an dieser Stufe ist, dass hier

Entscheidungsfreiheit und Entscheidungsfähigkeit beginnt. Wenn wir also eine Entscheidung treffen, sollten wir immer sicherstellen, zumindest auf dieser Stufe der Kompetenz angekommen zu sein.

Als nächstes folgt die bewusste Kompetenz. Auf dieser Stufe können wir unsere erworbenen Fähigkeiten bewusst einsetzen. Wir brauchen aber noch die bewusste Steuerung. Wir sind noch nicht im Flow. Beispielsweise brauchen wir, wenn wir ein Instrument spielen, für ein Stück noch die Noten, und wenn wir zu den schwierigen Stellen kommen, dann konzentrieren wir uns noch einmal zusätzlich. Oder wenn wir eine Präsentation halten, brauchen wir noch unsere Notizen und wir müssen uns konzentrieren, die wichtigen Parts nicht zu vergessen. Anders ausgedrückt: Es geht schon alles recht gut. Und zwar so gut, dass aufgeben keine Option mehr ist und es Spaß macht, weiter zu üben.

Die unbewusste Kompetenz ist die Stufe, auf der wir über das, was wir tun, nicht mehr nachdenken. Flow ist das Zauberwort. Beispielsweise müssen wir beim Auto- oder beim Fahrradfahren nicht mehr darüber nachdenken, was wir tun. Wir tun es einfach. Es ist uns in Fleisch und Blut übergegangen. Das ist auch der Grund, warum Rettungskräfte Notfallsituation bis zum Erbrechen üben. Damit sie im tatsächlichen Notfall, wenn sie mit Adrenalin vollgepumpt sind, funktionieren. Erstaunlich, dass wir gerade in den Bereichen Führung und Kommunikation meinen, dass wir genau das nicht tun müssten. Warum eigentlich nicht?

Wichtig zu wissen ist auch, dass wenn wir auf der Stufe der unbewussten Kompetenz mit einer Fähigkeit sind, dann sind wir, was unsere Fähigkeit betrifft, diese auch weiter zu geben, zunächst wieder auf Stufe eins: der unbewussten Inkompetenz. Denn es ist ein himmelweiter Unterschied, etwas zu können, oder es zu unterrichten, geschweige denn andere Menschen in diesem Bereich zu führen. Wer jetzt an die gern gelebte Praxis „Von der Fachkraft zur Führungskraft" denkt, liegt goldrichtig. Wenn ich mein Fachgebiet beherrsche, habe ich Fachwissen. Führungswissen und unternehmerisches Denken habe ich dadurch noch lange nicht. Darum ist eine gute Fachkraft noch lange keine gute Führungskraft. Bitte nicht falsch verstehen: Es spricht nichts dagegen eine gute Fachkraft zur Führungskraft zu machen. Aber dann bitte mit der Maßgabe, sie zur umfassenden Führungskraft auszubilden.

2.8 Reiz-Reaktionsmaschinen

Grundsätzlich reagieren wir im Alltag auf verschiedene Reize mit verschiedenen Verhaltensstrategien. So weit so gut. Dazu müssen wir wissen, dass dabei immer die Gefühle zuerst am Start sind. Ob wir es nun mögen oder nicht. Leider lässt sich das auch nicht wegdiskutieren, denn diese Form der Reizverarbeitung ist nicht optional. Sie ist in der Funktionsweise unseres Gehirns begründet.

Die verschiedenen Reize gelangen über unsere Sinneskanäle in unser Gehirn. Informationen aus Sehen, Hören, Riechen, Fühlen und Schmecken werden über Nervenbahnen an die graue Masse weitergeleitet. Hier werden sie als erstes von der Amygdala in Millisekunden ausgewertet. Danach geht es weiter in die höheren Hirnfunktionen, in denen das rationale Denken beginnt. In der Amygdala ist Denken noch nicht angesagt. Hier geht es um die gefühlsmäßige Auswertung. Vor allem im Hinblick auf Gefahr oder nicht. Wird ein Reiz in der Amygdala als gefährlich bewertet, wird sofort das Stressprogramm angeworfen. Ein Programm, welches für das Überleben in steinzeitlicher Vergangenheit gemacht ist und nur drei Optionen bietet: Kampf, Flucht oder tot stellen.

Stress ist im Grunde ein reines Überlebensprogramm, designed für das Treffen von Todfeinden jedweder Art. Bei diesen Treffen ging es nicht darum zu verhandeln. Es ging um das nackte Überleben. Die Steinzeitmenschen, die in diesem Moment ihre Ratio angeschmissen haben, sind mit hoher Wahrscheinlichkeit nicht unsere Vorfahren. Aus diesem Grund hat sich die Evolution für uns Menschen die Amygdala, Gefühle und den Stress ausgedacht. Denn Gefühle sind viel schneller als Gedanken. Selbst das Kahnemansche System 1 ist im Vergleich zu Gefühlen im Schildkrötengang unterwegs. Von System 2, der Ratio, brauchen wir gar nicht erst anzufangen. Abgesehen davon sind Gefühle nicht nur schneller, sie sind auch um einiges wirkmächtiger. Das haben wir alle schon mal erlebt, wenn uns mal ein Schreck in die Glieder gefahren ist, weil wir beispielsweise einen Schatten für einen Werwolf oder ein Blatt für einen Flugsaurier gehalten haben. Der Schreck läuft durchs System. Ob wir wollen oder nicht. Und je nachdem, wie stark wir uns erschreckt haben, brauchen wir eine Weile, um uns wieder zu beruhigen.

Was beim Beruhigen nicht hilft oder zumindest sehr wenig, hilft ist unsere Ratio. Wir wissen, dass es sich nur um ein Blatt oder einen Schatten gehandelt hat. Trotzdem sind wir noch einen Moment in Hab-acht-Stellung. Unser Herz rast, der Atem geht kurz und schnell und häufig zittern auch die Muskeln. Egal, wie präzise wir die Situation intellektuell als ungefährlich eingestuft haben, es dauert einen Moment, bevor unsere Ratio unsere Gefühle wieder im Griff hat. Warum sonst würden wir uns bei einer unheimlichen Szene im Kino vor Angst fast in die Hosen machen? Objektiv betrachtet ist doch gar nix los ... Wir sitzen gemütlich in einem Kinosessel neben Schatzi und teilen uns eine Tüte Popcorn. Selbst bei stärkstem Futterneid, sind die Gefühle, die wir während des Films haben, nicht rational zu erklären und auch nur schwer in den Griff zu bekommen.

Wir sind tatsächlich Reiz-Reaktions-Maschinen. Ein Reiz trifft auf unsere Sinneskanäle und eine Gefühlsreaktion wird ausgelöst, noch bevor wir rational überhaupt am Start sind (vgl. Abb. 2.4). Wer jetzt kurz die Idee, Gefühls- und Faktenebene voneinander zu trennen in Zweifel zieht, liegt gar nicht so verkehrt. Zumindest nicht, was die erste Reaktion auf eine Information anbelangt. Gefühle sind immer zuerst am Start. Es kommt sogar noch dicker. Ohne Gefühle sind wir nicht in der Lage irgendeine Entscheidung zu treffen ... What?

Ein Patient von Antonio Demasio war 1982 einer der ersten, an denen man feststellen konnte, dass ohne Gefühle gar nichts geht und das die Ratio, wenn überhaupt nur eine untergeordnete Rolle spielt (Heinrich et al., 2011). Demasios Patient hatte einen Hirntumor. Und zwar genau an der Stelle, an der bei gesunden Menschen das Gefühlszentrum sitzt. Er war lebensfähig, aber unfähig irgendeine Entscheidung zu treffen. Selbst die kleinsten Entscheidungen, wie die Entscheidung für den blauen und oder den schwarzen Kugelschreiber waren für den Mann nicht möglich. Eine Entdeckung, die unser Wissen über Entscheidungen vollkommen auf den Kopf stellt. Seit den griechischen Philosophen sind Menschen der Meinung, dass Entscheidungen rational getroffen werden. Zumindest einige ... Von dieser Vorstellung dürfen wir uns vor dem Hintergrund von Demasios Entdeckung allerdings verabschieden. Die Ration ist ohne Gefühle hilflos.

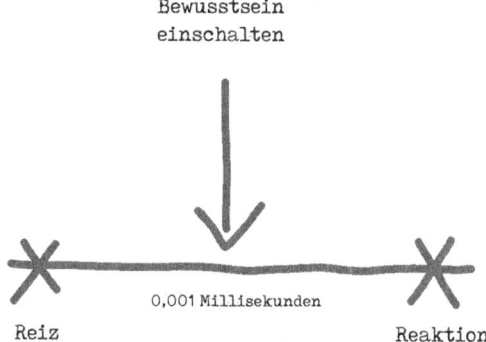

Abb. 2.4 Reiz-Reaktion-Modell

Es reicht aber auch nicht, einfach „nur" dem Bauch bzw. den Gefühlen zu folgen. Wir brauchen beides. Und wenn es um die Ratio geht, dann am besten das langsame System 2. Denn System 1 neigt dazu unseren Gefühlen unreflektiert zu vertrauen. Es ist wie überall im Leben: Eine einfache Antwort bzw. Lösung gibt es nicht. Nicht nur unsere Gesellschaft, in der wir leben, ist komplex. Wir selbst sind es.

Und trotzdem sind wir Reiz-Reaktions-Maschinen. Denn dieses Programm sichert unser Überleben. Was, verständlicherweise, erst einmal über allem steht. Alles andere wäre kontraproduktiv. Darum sind Gefühle immer zuerst am Start. Sie sind einfach viel schneller. Außerdem ist es im Hinblick auf das Überleben effektiver einmal zu viel wegzulaufen, als einmal zu wenig …

Abstellen können wir das Ganze nicht. Aber wir können uns darüber bewusst sein. Wer jetzt darüber nachdenkt, gerade von der unbewussten Inkompetenz auf die Stufe der bewussten Inkompetenz geklettert zu sein, liegt gar nicht so verkehrt. Jetzt gilt es zu entscheiden, ob man mehr daraus machen möchte. Ob man die nächste Stufe erklimmen möchte. Ob man lernen will, zwischen Reiz und Reaktion Bewusstsein zu schalten.

Anfangs funktioniert das sehr schleppend. In der Regel haben wir ein Reiz-Reaktions-Muster und merken erst, wenn es schon durchgelaufen ist, dass das gerade am Start war. Super! Denn zunächst müssen wir ja erst einmal bemerken, wann und was da bei uns abläuft. Erfahrungsgemäß funktioniert das zu Beginn im Alltag am besten. Viele von uns haben in der Beziehung solche Muster am Laufen. Wenn Schatzi irgendetwas macht, nicht macht, sagt oder nicht sagt, dann sind wir von Null auf 100 in einer Millisekunde. Das klassische Reiz-Reaktions-Muster. Der erste Schritt ist, es zu identifizieren. Der zweite Schritt ist, es zu bemerken, wenn es gerade durchgelaufen ist. Der dritte Schritt ist, sich zu überlegen, wie man beim nächsten Mal besser reagieren könnte. Der vierte Schritt ist, es so lange im Kopf zu korrigieren, wenn es passiert, dass wenn es wieder passiert die Reaktion sich irgendwann ändert. So komisch wie es klingt: Es funktioniert.

Mein Mann hatte beispielsweise einen Spruch, der mich in bestimmten Situationen regelmäßig aus der Fassung brachte. Wenn wir diskutiert haben, hat er, wenn es ihm zu anstrengend wurde gesagt: „Bleib doch mal ruhig." Das Gegenteil trat dann sofort ein. Ich wurde richtig wütend und habe das Gespräch abgebrochen. Genau das, was mein Mann mehr oder weniger bewusst erreichen wollte. Als mir dieses Muster klar wurde, bin ich im Kopf immer wieder durchgegangen, wie ich bei „Bleib doch mal ruhig" ganz ruhig werde. Und dann kam der Moment und ich antwortete ganz ruhig „Ich bin ruhig. Lass uns mal auf den eigentlichen Punkt zurück kommen …" Das Gesicht meines Mannes in diesem Moment werde ich nie vergessen. Heute lachen wir darüber und er hat den Spruch nie wieder gebracht.

2.9 Aufmerksamkeitsspannen

Es ist schon ein paar Jahre her, da ging ein Aufschrei durch Medien und Internet: Der Mensch habe eine kürzere Aufmerksamkeitsspanne als ein Goldfisch. Ein Goldfisch habe nämlich 9 s und ein Mensch nur 8 s der wertvollen Spanne zur Verfügung. Rausgefunden hat das eine Studie im Auftrag von Microsoft (Microsoft Canada, 2015). Auf Seite 6 der besagten Studie findet sich eine Grafik, die eindrücklich untermauert, wie sehr die menschliche Aufmerksamkeit in den Jahren 2000 bis 2013 gelitten habe. Hatten wir nach diesem Chart im Jahr 2000 noch 12 s Aufmerksamkeitsspanne, so waren es 2013 nur noch acht Sekunden. Eine Sekunde weniger als ein Goldfisch! Bämm! Eine Punchline, die sofort um die Welt ging und sich immer noch hartnäckig hält. Denn: die schreibende und die coachende Zunft inspiriert sich untereinander. Da ist auch nichts Schlechtes daran: Auch dieses Buch ist von vielen Kolleg*innen inspiriert und beeinflusst. Das ist völlig normal. Aber bei der Aufmerksamkeitsspanne wird es schwierig. Denn beim Menschen unterscheidet man verschiedene Arten der Aufmerksamkeit (CogniFit Research, 2011). Wenn dem nicht so wäre, wie sonst wärst Du in der Lage, länger als acht Sekunden dieses Buch zu lesen (vgl. Abb. 2.5)? Gut, in der Microsoft-Studie wurde auch unterschieden, denn es ging um geteilte bzw. alternierende Aufmerksamkeit. Das konnte man aber nur herausfinden, wenn man die gesamte Studie aufmerksam las und sich nicht nur auf die Grafik von Seite 6 beschränkte. Darüber hinaus ist nicht bekannt, wie die Aufmerksamkeit eines Goldfisches gemessen bzw. nachgewiesen wurde.

Damit steht die Aussage, die Aufmerksamkeitsspanne des modernen Menschen ist geringer als die eines Goldfisches, zumindest mal auf wackeligen Füßen.

Über die verschiedenen Arten der Aufmerksamkeit findet man auf der Internetseite von CogniFitResearch folgende Beschreibung:

„Die Aufmerksamkeit ist ein komplexer Prozess, den wir für fast alle unsere täglichen Tätigkeiten benötigen. Wissenschaftler und Forscher konnten zeigen, dass es sich nicht um einen einzelnen Prozess handelt, sondern um eine Gruppe von Teilprozessen. Das anerkannteste Modell für die Teilprozesse der Aufmerksamkeit stammt von Sohlberg und Ma-

Aufmerksamkeit

Wunsch   Realität

Abb. 2.5 Wie Aufmerksamkeit funktioniert

teer und basiert auf klinischen Proben experimenteller Neuropsychologie. Nach diesem Modell wird die Aufmerksamkeit in folgende Teilprozesse untergliedert:

- Arousal: Hier geht es um den Grad der Aktivierung und Wachsamkeit, ob man müde oder energiegeladen ist.
- Fokussierte Aufmerksamkeit: Diese bezieht sich auf die Fähigkeit, sich auf einen Reiz zu konzentrieren.
- Daueraufmerksamkeit: Die Fähigkeit, sich auf einen Reiz oder eine Tätigkeit über einen langen Zeitraum zu konzentrieren.

- Selektive Aufmerksamkeit: Die Fähigkeit, sich auf einen spezifischen Reiz oder eine spezifische Aktivität zu konzentrieren, während ablenkende Stimuli vorhanden sind.
- Alternierende Aufmerksamkeit: Die Fähigkeit, die Aufmerksamkeit auf zwei oder mehrere Reize abwechselnd zu lenken.
- Geteilte Aufmerksamkeit: Die Fähigkeit, unterschiedliche Reize gleichzeitig wahrzunehmen." (CogniFit Research, 2011)

Eine Beschreibung, die sehr gut zeigt, wie sehr wir das Thema „Aufmerksamkeit" reduzieren und wie rudimentär unser Wissen über die eigene Aufmerksamkeit wirklich ist.

2.10 Aufmerksamkeitssteuerung

Unsere Aufmerksamkeit ist ein flüchtiges Gut. Das ist uns mal mehr und mal weniger bewusst. Die gute Nachricht ist, dass es die selektive Aufmerksamkeit gibt. Und diese ist steuerbar. Das bedeutet, dass wir durchaus in der Lage sind, unsere Aufmerksamkeit auf Dinge zu lenken, die uns wichtig erscheinen. Zusätzlich sind wir in der Lage unsere Aufmerksamkeit dort zu halten. So wird aus selektiver Aufmerksamkeit Daueraufmerksamkeit. Die Frage ist: Wann steuern wir unsere Aufmerksamkeit bewusst? Und wann wird sie von anderen gesteuert?

Christopher Chabris und Daniel Simons haben dazu experimentiert und herausgefunden, dass wir Dinge nicht sehen, wenn unser Aufmerksamkeitsfokus woanders liegt (The invisible Gorilla, 2010). Die beiden haben nachgewiesen, dass wir sogar einen Gorilla übersehen, der in einem Film mitten durchs Bild läuft, wenn unsere Aufmerksamkeit auf etwas anderes gerichtet ist.

Chabris und Simons ließen zwei Mannschaften, eine in weiß und eine in schwarz gekleidet, Ball spielen. Jede Mannschaft hatte einen eigenen Ball und passte die Bälle hin und her, während sich die Spieler*innen über das Feld bewegten. Das ganze filmten die Wissenschaftler. Außerdem ließen sie in einer Filmsequenz einen Menschen im Gorillakostüm mitten durchs Bild laufen. Später zeigten sie den Film verschiedenen Proband*innen. Diese sollten zählen, wie oft das Team in weiß oder das in schwarz den Ball hin und her warf. Das erstaunliche Ergebnis: Die Hälfte der Menschen, die die Pässe zählte, sah den Gorilla nicht. Eine Erfahrung, die ich aus zahlreichen Seminaren bestätigen kann. Sagt man den Teilnehmer*innen nur, dass sie zählen sollen, wie oft die Mannschaft in den weißen T-Shirts den Ball hin und her wirft, dann verpassen sogar mehr als 50 % den Gorilla. Mehr noch, sie können es in der Regel kaum glauben, dass sie ihn verpasst haben.

Mit anderen Worten: Wenn wir uns auf etwas konzentrieren, dann verpassen wir das, worauf wir uns nicht konzentrieren. Energie ist da, wo die Aufmerksamkeit ist.

Wie bei allem ist das zum einen gut, denn wir können sehr gut unsere Aufmerksamkeit lenken und uns so auch sehr gut auf Dinge konzentrieren. Zum anderen ist das aber auch schlecht, denn wir lenken unsere Aufmerksamkeit auch oft auf die falschen Dinge, lassen diese dann nicht mehr los und verpassen alles, was gut läuft …

Unsere Aufmerksamkeit bestimmt unsere Wirklichkeit. Im Grunde keine sooo aufregende These. Wenn wir das Ganze aber weiterspinnen und uns überlegen, dass wir aufgrund unserer begrenzten Aufmerksamkeit nur einen Bruchteil dessen, was vor sich geht, mitbekommen, ist es dann nicht realistisch zu behaupten, dass es fast unmöglich ist, sich ein umfassendes Bild von den Dingen, die um uns herum geschehen zu machen? Natürlich ist das wieder eine sehr steile These und in der Regel kommen wir ja ganz gut klar. Aber es ist eben etwas dran. Wenn wir uns beispielsweise ein Bild von einer Person gemacht haben, dann ist dieses Bild ziemlich schnell ziemlich fest zementiert. Steht ein Urteil erst einmal fest, richten wir unsere Aufmerksamkeit nur noch auf die Dinge, die unser Urteil bestätigen. Natürlich finden wir dann auch immer die Bestätigung, weil wir alles andere ausblenden. Bestätigungstendenz bzw. Confirmation Bias und die grundsätzliche Funktionsweise unserer Aufmerksamkeitssteuerung geben sich hier die Klinke in die Hand. Gerade wenn es um Führung und damit um Situationsbeurteilung geht, sind wir gut beraten, uns das immer wieder bewusst vor Augen zu führen.

2.11 Multitasking

- „Frauen können Multitasking besser als Männer."
- „Multitasking ist ein Phänomen moderner Medien."
- „Multitasker schaffen mehr ..."

Alle drei Statements sind falsch. Multitasking hat nicht erst mit dem Internet Einzug gehalten und Frauen können es genauso schlecht wie Männer. Mehr schafft man damit auch nicht. Im Gegenteil. Aber warum ist das so? Und was passiert beim Multitasking wirklich?

Das größte Missverständnis beim Multitasking ist, dass wir meinen, Dinge gleichzeitig aufzunehmen, zu ver- und zu bearbeiten. Das stimmt so nicht bzw. nur eingeschränkt. Grundsätzlich laufen im Gehirn verschiedene Prozesse gleichzeitig ab. Davon merken wir in der Regel aber nichts. Interessant wird es, wenn wir bewusst verschiedene Aufgaben und damit Hirnprozesse gleichzeitig meistern wollen. Das funktioniert. Aber nur eingeschränkt. Beispielsweise können wir problemlos telefonieren und unsere Umgebung beobachten. Hören und Sehen sind verschiedene Prozesse, die gleichzeitig ablaufen können. Was nicht funktioniert ist, zu telefonieren und gleichzeitig jemand anderem zuzuhören. Man könnte sagen: eine Aufgabe pro Sinneskanal. Auf neuronaler Ebene bedeutet das: Werden für die Verarbeitung verschiedene Hirnareale benötigt, können die Prozesse gleichzeitig ablaufen (Pontes & Schubert, 2012).

Diffizil bis unmöglich wird es, wenn wir für die Verarbeitung der Informationen die gleichen Areale benötigen. Noch schlimmer wird es, wenn wir für die Reaktion auf die Informationen die gleichen Areale benötigen. Da hört es dann in der Regel ganz auf. Da ist es egal, ob es sich um ein männliches oder ein weibliches Gehirn handelt. Beide sind hier gleich schlecht.

Um dieses Defizit zu umgehen, schaltet unser Gehirn die Prozesse hintereinander. Das geht bei manchen Vorgängen so schnell, dass wir das Gefühl haben, beides läuft gleichzeitig ab. Das ist bei manchen Vorgängen auch unproblematisch. Beispielsweise, wenn wir beim Spazierengehen im Wald telefonieren. Ein Waldspaziergang erfordert in der Regel wenig Aufmerksamkeit und hält so gut wie keine Situation bereit, in der wir in Millisekunden reagieren müssen. Ein Zusammentreffen mit Bären, Wölfen und wild gewordenen Mountainbiker*innen mal ausgenommen. Beim Autofahren stellt sich das schon ganz anders dar. Autofahren an sich ist schon ein wesentlich komplexerer Prozess als Spazierengehen. Hinzu kommt, dass die Umgebung, in der wir Autofahren, ungleich mehr Aufmerksamkeit erfordert, als ein Waldspaziergang. Ein Telefonat bindet aber auch Aufmerksamkeit. Diese wird von der Kapazität, die wir eigentlich für unsere Umgebung brauchen, abgezogen. Ähnlich verhält es sich, wenn wir in einem Meeting E-Mails checken und Nachrichten beantworten. Unser Gehirn kann nicht beides gleichzeitig verarbeiten. Dadurch werden immer Informationen verloren gehen. Mal ganz abgesehen davon, dass es maximal unhöflich ist.

Literatur

Wie arbeitet der Verstand

Garde, B. (2020, März 31). Warum wir uns falsch erinnern. Planet Wissen. https://www.planet-wissen.de/gesellschaft/verbrechen/gericht_im_namen_des_volkes/gericht-falsche-erinnerung-100.html. Zugegriffen im 02.2023.

Wie wir lernen

uni-würzburg.de. (2015). Zugegriffen am 28.05.22, Ullman, Dr. Edwin, Lernen aus neurobiologischer Perspektive. https://www.uni-wuerzburg.de/fileadmin/06000060/04_Fort-_und_Weiterbildungen_Lehrkraefte/Herbsttagungen/Herbsttagung_2016/20161006_WS_04_Neurobiologie.pdf. Zugegriffen im 02.2023.

Bewusst – unbewusst

Kiesel, A. (2020, Februar 19). Verarbeitet das Gehirn 95 Prozent aller Informationen unbewusst? Spektrum. https://www.spektrum.de/frage/verarbeitet-das-gehirn-95-prozent-aller-informationen-unbewusst/1616926. Zugegriffen im 02.2023.

Schnelles Denken – langsames Denken

Kahnemann, D. (26. Edition 2012). Schnelles Denken – Langsames Denken, Siedler

Dunning-Kruger-Effekt

Voss, J. (2020, Juni 5). Dunning-Kruger-Effekt: Warum sich Halbwissende für besonders klug halten. Nationalgeographic Online. https://www.nationalgeographic.de/wissenschaft/2020/06/dunning-kruger-effekt-warum-sich-halbwissende-fuer-besonders-klug-halten. Zugegriffen im 02.2023.

Reiz-Reaktionsmaschinen

Heinrich, C., Hürter, T., Schramm, S., & Wüstenhagen, C. (2011, Oktober 11). Die Kunst der Entscheidung, Zeit Online. https://www.zeit.de/zeitwissen/2011/06/Entscheidungen/komplettansicht. Zugegriffen im 02.2023.

Aufmerksamkeitsspannen

CogniFit Research. (2011). Aufmerksamkeit: Eine unserer kognitiven Fähigkeiten. Zugegriffen am 04.06.2022. https://www.cognifit.com/de/aufmerksamkeit. Zugegriffen im 02.2023.
Microsoft attention spans. (2015, Spring). Consumer Insights Microsoft Canada. https://dl.motamem.org/microsoft-attention-spans-research-report.pdf. Zugegriffen im 02.2023.

Aufmerksamkeitssteuerung

The invisible Gorilla. (2010). Selektive Attention Test. Zugegriffen am 08.06.2022. http://www.theinvisiblegorilla.com/gorilla_experiment.html. Zugegriffen im 02.2023.

Multitasking

Pontes, U., & Schubert, T. Fragen an das Gehirn: Sind wir wirklich fähig zum Multitasking?, 2012, Mai 21. Das GehirnInfo. https://www.dasgehirn.info/aktuell/frage-an-das-gehirn/sind-wir-wirklich-faehig-zum-multitasking. Zugegriffen im 02.2023.

3

Werte und Glaubenssätze

3.1 Was ist gut und was ist schlecht?

Was ist richtig und was ist falsch? Was ist gut und was ist schlecht? Was ist fair und was ist unfair? Im Grunde ganz einfache Fragen, die sich beim näheren Hinschauen als Wolf im Schafspelz entpuppen. Denn am Ende gibt es keine richtigen und falschen Antworten auf diese Fragen. Richtig und falsch liegen im Auge der Betrachtenden … Das ist keine wirklich neue Information. Daher ist die, meiner Ansicht nach, viel interessantere Frage: Woran liegt das? Es liegt an unseren Werten und Glaubenssätzen.

Werte und Glaubenssätze, wie sie hier besprochen werden, haben nur untergeordnet etwas mit Religion zu tun. Ist man religiös, dann hat die jeweilige Religion einen mehr oder weniger großen Einfluss auf unsere Werte und Glaubenssätze. Ist man nicht religiös, dann hat sie das nicht. Trotzdem haben wir Werte und Glaubenssätze, die unser Denken und Handeln bestimmen.

Unsere Werte und Glaubenssätze werden durch das Umfeld geprägt und bestimmt, in dem wir aufwachsen. Mit Umfeld ist dabei nicht nur das Elternhaus gemeint. Es meint das gesamte Feld, auf bzw. in dem wir uns während unserer Kindheit, Jugend und im jungen Erwachsenenalter bewegen. Und auch wenn wir bereits erwachsen sind, sind unsere Werte und Glaubenssätze form- und wandelbar. Wie mit allem, was uns beeinflusst, Formen sich die meisten in Kindheit und Jugend und immer dann, wenn wir neue Situationen erleben. Da dieses „Neues erleben" in Kindheit, Jugend und im jungen Erwachsenenalter am größten ist, werden wir in dieser Zeit am stärksten geprägt.

Viele Werte und Glaubenssätze entstehen unbewusst. Denn es kommt nicht so sehr auf das an, was uns immer wieder gesagt wird. Es kommt ganz entscheidend darauf an, was uns vorgelebt wird und wie sich Menschen in unserer Umgebung verhalten. Das Verhalten der Anderen prägt unser Wertesystem. Wenn Mama und Papa uns beispielsweise immer wieder erzählen, dass Rauchen schädlich ist, selbst aber qualmen wie die Schlote, dann wird die Aussage durch ihr Verhalten nicht gestützt und verliert dadurch ihren Wert.

Bleibt noch die Frage: Wo ist der Unterschied zwischen Werten und Glaubenssätzen? Werte sind in diesem System den Glaubenssätzen übergeordnet. Beispielsweise ist Loyalität ein Wert dem der Glaubenssatz „Du sollst Vater und Mutter ehren" untergeordnet sein kann. Es gibt aber auch Glaubenssätze, die nicht direkt einem Wert zugeordnet werden können oder sie passen, situationsabhängig, zu verschiedenen Werten.

3.2 Glaubenssätze

In unseren Breitengraden sind die zehn Gebote die wohl bekanntesten Glaubenssätze. Einige davon teilen wir, einige nicht. So weit so einfach. Wenn es darum geht, einmal die eigenen Glaubenssätze auf den Prüfstand stellen zu wollen, dann erweist sich das als ungleich schwieriger. Das liegt vor allem daran, dass wir uns unserer Glaubenssätze in der Regel nicht bewusst sind. Jetzt könnte man meinen, dass das ja nicht so wild sei. Schließlich ist man ja kein schlechter Mensch und bisher hat man es ganz gut geschafft. Das ist richtig. Aber mal angenommen wir wollten uns weiterentwickeln. Sozusagen die nächste Stufe unserer Entwicklungsmöglichkeiten erklimmen, wäre es dann nicht klug zu wissen, was uns treibt und was nicht? Die Grenzen unseres eigenen Denkens und Handelns zu kennen? Denn genau das sind Glaubenssätze …

3 Werte und Glaubenssätze

Hast Du Dich beispielsweise mal gefragt, warum Du manche Dinge nicht tust, auf die Du eigentlich Lust hättest? Oder anders herum: Warum Du Dinge tust, auf die Du überhaupt keine Lust hast? Oft, nicht immer aber oft, haben wir einen Glaubenssatz am Start, der dafür sorgt, dass wir sozial kompatibel sind. Dieser lautet: Was denken denn die Anderen?

Jetzt kann man natürlich zu Recht anmerken, dass es ja genug Menschen gibt, die sich darum einen feuchten Kehricht scheren. Das stimmt. Aber nur, wenn man nicht näher hinschaut. Krankhafte Abweichungen einmal ausgenommen. Selbst Mitglieder von Rockergangs wie den Bandidos und den Hells Angels haben diesen Glaubenssatz am Start. Ausgerechnet die Outlaws haben extrem starre Regeln und Normen, denen sich die Mitglieder unterwerfen müssen. Oder hast Du schon einmal von einem Hells Angel gehört, der gern Dolce und Gabana trägt, gern in die Oper geht und Motorradfahren nicht mag? Zugegeben, das ist ein sehr oberflächliches Beispiel, aber es illustriert sehr gut, wie unsere Glaubenssätze unser Verhalten bestimmen.

Wie ehrlich muss man sein? Eine komische Frage, denn bei Ehrlichkeit gibt es, wenn man es genau nimmt keine Abstufungen. Und doch Lügen wir mehrfach am Tag. Das hat noch nicht so viel mit Glaubenssätzen zu tun, sondern ist viel mehr in unserem komplexen Sozialverhalten begründet. Wenn es aber an das Thema Steuern oder Versicherungen geht, dann wird ein Schuh draus. Dinge bei der Versicherung einzureichen die, sagen wir mal nur ganz peripher, mit Augen zu und viel Fantasie ein Versicherungsschaden wären, gilt vielen Menschen als Kavaliersdelikt. Einen Restaurantbesuch mit Freunden oder Familie steuerlich abzusetzen oder in die Spesenabrechnung mitaufzunehmen ist auch nicht so selten. Von den Kopien vom Firmenkopierer und den unzähligen Kugelschreibern mal abgesehen ... Jaaaa, aber ... Auf einmal wird Ehrlichkeit doch teilbar. Das ist auch nicht weiter bemerkenswert, sondern völlig normal. Die viel spannendere Frage ist, wo die eigenen Grenzen gesteckt sind. An diesen individuellen Grenzen entstehen Konflikte. Bitte jetzt nicht an die großen Diskrepanzen wie Mord, Raub oder Vergewaltigung denken. Die Grenzen sind, im Grunde klar und bieten in unserem Alltag kein wirkliches Konfliktpotenzial, denn ich gehe einfach mal davon aus, dass diese Verhaltensweisen in Deinem Alltag, abgesehen von Filmen, Büchern und Nachrichten, keine große Rolle spielen. Viel interessanter und konfliktreicher sind in unserem normalen Alltag die kleinen Dinge.

Um Glaubenssätze noch besser erkennen zu können, hilft es, sich einmal kurz klar zu machen, welche Arten von Glaubenssätzen es gibt.

Bedeutungsgebende Glaubenssätze (Bedeutungen & Zuschreibungen)
Menschen sind grundsätzlich bedeutungsgebende Wesen. Dies bedingt, dass wir Situationen, Ereignissen, Personen und/oder Verhalten interpretieren und Bedeutung geben. Vorurteile fallen beispielsweise in diese Kategorie. „Blondinen sind dumm" oder „Mercedes hat die Vorfahrt eingebaut".

Einschränkende Glaubenssätze (Grenzen & Einschränkungen)
„Das kann nicht klappen" oder „Das funktioniert nie" sind typische Glaubenssätze aus dieser Kategorie. „Das schaffe ich/Du eh nicht" ist wohl einer der Glaubenssätze, die die meisten Innovationen und sehr viel Glück verhindern. Oftmals hängen sie mit negativen Erfahrungen in der Kindheit zusammen.

Erklärende Glaubenssätze (Ursachen & Erklärungen)
„Das geht bei mir nicht, weil …" „Das ist bei uns nicht üblich …" „Ich bin dafür zu jung/alt …" Das Ganze funktioniert natürlich auch im positiven Fall. Ich mache Dinge, weil ich dafür im richtigen Alter bin …

Glaubenssätze als Regeln (Regeln & Zusammenhänge)
Im Grunde sind diese Glaubenssätze das klassische Wenn-Dann-Prinzip. Wenn ich X mache, dann passiert Y. „Wenn Du in der Schule schlechte Noten hast, verbaust Du Dir Deine Zukunft" oder „Wenn Du Dich anstrengst, hast Du Erfolg." Oder anders erklärt: Ursache führt zur Wirkung.

Unsere Glaubenssätze entstehen in der Regel in unserer Kindheit und in unserer Jugend. Sie werden geprägt vom Elternhaus, der Umgebung, in der wir aufwachsen, und von unseren Peergroups. Dabei ist es nicht zwingend, dass eine überbehütende, ängstliche Mutter automatisch vorsichtige Kinder hervorbringt. Das ist zwar unsere landläufige Vorstellung von psychologischen Zusammenhängen, diese verkennt aber die Vielschichtigkeit unseres Sozialsystems, in dem wir leben, und lässt genetische Voraussetzungen außer Acht. Beispielsweise war meine Mutter eher vorsichtig, was man von mir überhaupt nicht behaupten kann. Nun ist mein Vater risikofreudig. Es scheint, obwohl meine Mutter in meiner Kindheit mehr Zeit mit mir verbracht hat, hat doch die Risikofreude meines Vaters mehr auf mich abgefärbt. Warum? Keine Ahnung. Denn selbst dieses Beispiel ist so stark vereinfacht, dass es im Grunde keine Aussagekraft hat. Man müsste es beispielsweise noch auf Situationen beziehen. Es gibt nämlich durchaus Situationen, in denen ich vorsichtig bin. Dann ist aber die Frage, ob das eine allgemein menschliche Tendenz ist oder nicht … Daran kann man sehr gut feststellen, wie komplex dieses Thema tatsächlich ist. Trotzdem helfen uns Vereinfachungen, unser eigenes Verhalten einzuordnen und zu verstehen. Wichtig ist dabei nur, dass wir nicht in zu simples Schubladendenken verfallen. Schubladen sind okay, so lange man sie offen lässt.

Zur Verdeutlichung hier noch einmal eine Liste mit Glaubenssätzen

Positiv
- Ich bin glücklich.
- Ich bin ein fröhlicher Mensch.
- Ich bin offen für Neues.
- Ich kann mich auf meine Freund*innen verlassen.
- Meine Familie ist mein Rückhalt.
- Ich achte auf meine Gesundheit.
- Geld ist gut, aber nicht alles.
- Ich kriege das schon hin.

Negativ
- Das kann ich nicht.
- Dafür bin ich zu doof.
- Vertrauen ist gut, Kontrolle ist besser.
- Meine Gesundheit ist nicht die beste.
- Über Geld spricht man nicht.
- Das geht nicht.

Mit dieser kurzen Liste wird schnell deutlich, wie viele Glaubenssätze wir so mit uns herumtragen, die wir täglich wiederholen. Beispielsweise glauben sehr viele Menschen, dass sie kein Buch schreiben können. Dabei ist das nur ein Glaubenssatz. Auch ich habe sehr lange geglaubt, ich könnte keine Bücher schreiben. Rückblickend weiß ich, ich wusste nur nicht, wie es geht. Dabei ist Schreiben ein Handwerk, welches jeder Mensch erlernen kann ... Daran können wir festmachen, dass Glaubenssätze keine in Stein gemeißelte Lebensgesetze sind. Viel mehr sind sie Leitplanken, die uns das Leben leichter machen sollen. Sobald sie uns in unseren Entfaltungsmöglichkeiten einschränken, sollten wir sie auf die Probe stellen. Denn nur die Glaubenssätze, die uns dienlich sind, sind gute Glaubenssätze.

3.3 Werte und Wertekonflikte

Unsere Werte sind unseren Glaubenssätzen übergeordnet. Sie sind die höchste und am stärksten verallgemeinerte Kategorie, nach der wir unseren inneren Kompass ausrichten (vgl. Abb. 3.1). Sie sind der Nordstern, nach dem wir streben und den wir, wenn es darauf ankommt verteidigen.

Grundsätzlich haben wir alle bestimmte Werte, nach denen wir streben, und die wir im Zweifel auch verteidigen. Das gilt auf gesellschaftlicher wie auch auf persönlicher Ebene. Sogar Unternehmen geben sich dieser Tage Werte, nach denen sie streben und handeln wollen. Es scheint also etwas wichtiges daran zu sein an diesem Thema. Umso erstaunlicher ist es, dass die wenigsten Menschen auf die Frage: „Was sind Deine fünf wichtigsten Werte?" nicht sofort antworten können. Stelle ich diese Frage im Coaching oder in Seminaren, müssen die meisten erst einmal nachdenken. Da wird einem inneren Kompass gefolgt, dessen Richtungseinstellung unbekannt ist ...

Zugegeben, dass ist sehr überspitzt ausgedrückt. Wenn wie aber davon ausgehen, dass fast alle Konflikte auch immer Wertekonflikte sind, dann wäre es doch gut, wenn wir wüssten, was uns diesen Konflikt beschert, oder nicht? Vordergründige Streits um Fakten sind es in der Regel nicht. Dahinter steckt fast immer ein größeres Thema, welches sich auf der Faktenebene nicht lösen lässt. Oft wird hier dann versucht, die Gefühlsebene abzukoppeln. Die Empfehlung ist dann, die Gefühlsebene zuerst zu lösen und danach auf die Faktenebene zurückzukehren. Abgesehen davon, dass die wenigsten Menschen im beruflichen Kontext überhaupt

Wie Werte uns beeinflussen

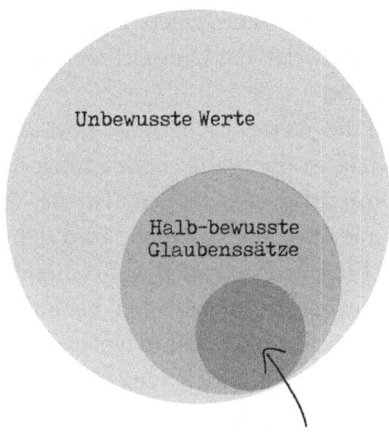

Abb. 3.1 Werte

in der Lage sind mit Gefühlen so souverän umzugehen, dass sie einen Gefühlskonflikt lösen könnten, gibt es ja einen Grund, der die Gefühle auslöst. Normalerweise suchen viele diese wieder auf der Faktenebene. Das kann helfen, tut es aber oft nicht. Wer auf der Gefühlsebene verletzt wurde oder hier einen Konflikt hat, hat auch immer einen Wertekonflikt.

Beispielsweise streiten sich zwei Manager*innen darüber, wie es strategisch weiter gehen soll. Manger*in Nummer 1 will den Vertrieb neu aufstellen und durch neue Vertriebskanäle zu mehr Umsatz gelangen. Manager*in Nummer 2 will die Produkte ganz neu ausrichten … Beide Ideen sind gut und schließen sich im Zweifel auch gar nicht aus. Den Vertrieb neu auszurichten würde bedeuten, dass im Grunde alles bleibt, wie es ist, und nur ein anderer Verkaufskanal erschlossen wird. Eine Abteilung müsste sich umstellen. Insgesamt ein überschaubarer Aufwand. Die Produkte neu auszurichten würde in unserem Beispiel bedeuten, neue Produkte zu konzipieren. Vergleichbar mit dem Umstieg auf das Elektroauto. Es werden immer noch Autos gebaut, aber für das Unternehmen bedeutet das intern eine komplette Verwandlung. Damit sind auch ein ungleich höheres Risiko und ein ungleich höherer Aufwand verbunden. Jetzt ist die Frage: Wie entscheidet sich der Vorstand? In unserem Beispiel gehen wir davon aus, dass das Unternehmen angeschlagen ist und der Markt sich gerade verändert …

Wenn der Vorstand die Werte „Sicherheit" und „Tradition" weit oben auf seiner Werteskala hat, ist die Wahrscheinlichkeit sehr hoch, dass er/sie sich für den ersten Vorschlag entscheiden. Ist die Werteskala eher von Neugier, Kreativität und Abenteuer geprägt, wird sich vermutlich für den ersten Vorschlag entschieden. Es ist auch wahrscheinlich, dass die beiden Manager*innen entsprechende Werteskalen haben. Wenn sie öfter zusammenarbeiten müssen, sind Konflikte vorprogrammiert. Denn aus den verschiedenen Werten speisen sich verschiedene Strategien und Auffassungen von Problemen und deren Lösung.

Achtung: Dieses Beispiel bedeutet nicht, dass „Sicherheit" und „Tradition" immer rückwärts gewandt sind. Wenn es eine 20:80 Chance gibt, einen riesigen Gewinn einzufahren, dafür aber das Risiko eingegangen werden muss, alles auf eine Karte zu setzen, dann arbeite ich persönlich lieber in einem Unternehmen mit sicherheitsorientierten Entscheider*innen, damit ich morgen meinen Job noch habe.

Abgesehen davon ist es natürlich nicht soooo schwarz/weiß, wie es hier aufgeführt ist. Werte und Wertekonflikte sind ein Aspekt in unserem miteinander. Trotzdem können wir davon ausgehen, dass wir selbst am zufriedensten sind, wenn unsere Werte zu dem Unternehmen passen, für das wir arbeiten. Es ist nämlich leider gar nicht so selten, dass Menschen gegen ihre Werte arbeiten. Ich selbst bin so ein Beispiel. Ich habe jahrelang in großen Konzernen gearbeitet und bin dort die Karriereleiter hochgeklettert. Das war auch eine Weile ganz spannend, allerdings hatte ich immer Schwierigkeiten, mir etwas sagen zu lassen und ich hatte immer das Gefühl, ich wüsste es besser als die anderen. Nun kann man mir natürlich nachsagen, dass ich schlicht eine Klugscheißerin bin. Was auch zum großen Teil stimmt. Es kommt aber noch erschwerend hinzu,

3 Werte und Glaubenssätze

dass meine höchsten Werte „Freiheit, Neugier, Kreativität und Entfaltung" sind … Das wünschen sich zwar die meisten Konzerne von ihren Mitarbeiter*innen, kann dort aber in nur selten gelebt werden. Schaut man sich den Rest meiner Top 10 Werteskala an, wird schnell deutlich, dass ich in einer Unternehmensstruktur vermutlich nicht so gut aufgehoben bin. Insgesamt kommt es auf den Wertekanon, also die Top 10 Werte an, nach denen unser innerer Kompass ausgerichtet ist. Freiheit allein als Wert sagt noch nichts aus. Es ist die Kombination.

Gehen wir noch einmal einen Schritt zurück: Wie entstehen Werte überhaupt? Die Antwort ist vorhersehbar: Unsere Werte entstehen in unserer Kindheit, Jugend und im jungen Erwachsenenalter. Sie können sich im Laufe des Lebens ändern oder verfestigen. Beeinflusst werden sie durch unser Umfeld. Dabei kann Umfeld in diesem Fall alles bedeuten: Vom Land und/oder kulturellen Umfeld, in dem wir aufwachsen, bis zu unserer Familie und unserer Peergroup beeinflusst alles unsere Werteskala. Beispielsweise haben US-Amerikaner eine andere Einstellung zum Scheitern. Wer scheitert und es danach besser macht, wird immer ein hohes Ansehen in den USA genießen. In Deutschland ist das nicht unbedingt so. Es kommt auf den Fehler bzw. das Scheitern an. Je nachdem, wie enttäuscht man ist, ist der/die den Fehler gemacht hat auch ganz schnell weg vom Fenster. In Deutschland schaut man auf den Fehler. In den USA schaut man auf den Neuanfang. Andererseits ist man in Deutschland sehr treu und verlässlich. In den USA ist man eher vergesslich … Daran kann man gut erkennen, dass Werte und auch ihre Interpretation sehr unterschiedlich sein können.

Da sich Werte auch immer mal wieder ändern, ist es empfehlenswert, einmal im Jahr die eigene Werteskala zu überprüfen. Keine Sorge, da werden keine fundamentalen Änderungen auftauchen. Aber Kleinigkeiten werden sich ändern. Eine typische Änderung, die sich über die Jahre einschleicht, ist der Wert „Gesundheit". Während dieser in jungen Jahren in der Regel nur bei sehr körperbewussten Menschen und bei Menschen mit gesundheitlichen Schicksalen zu finden ist, schleicht sich dieser Wert im Alter immer mehr in unsere Skala ein. Kein Wunder, denn irgendwann wird es ein Thema. Das ist völlig normal. Aber auch die Reihenfolge unserer Skala verändert sich hin und wieder mal. Da hier sowohl Glücks- als auch Konfliktpotenzial liegt, ist es empfehlenswert, sich den eigenen Werten zumindest einmal im Jahr bewusst zu widmen.

3.4 Arbeitsaufgabe: Erstelle Deine persönliche Wertehierarchie. Was ist Dir wirklich wichtig?

Werte sind Deine mehr oder weniger bewusste Intention hinter allem, was Du tust und lässt.

Beispiele für Werte sind Liebe, Familie, Freiheit, Reichtum, Entwicklung, Gesundheit usw. Was das im Einzelnen heißt, ist sehr individuell. Natürlich wandeln sich Werte auch im Laufe des Lebens, denn wahrscheinlich sind auch Dir heute andere Dinge wichtig als mit 15 Jahren. Also ist das hier eine Momentaufnahme!

Wenn Du Deine Werte kennst, hast Du einen inneren Kompass, der Dich auf dem Weg zu Deinen Zielen begleitet. Und Du kennst einen Deiner mächtigsten Filter. Denn Du gleichst unbewusst immer ab: Passt das, was ich gerade tue oder tun soll, zu meinen Werten. Das tut übrigens jeder Mensch …

> **Was sind Deine Werte?**
>
> **Schritt 1:** Sammele Deine Werte jeweils auf einem Blatt bzw. einer Karte (das können auch 15 bis 20 Werte sein). Beispielsweise sind Deine Werte: Leidenschaft, Fantasie, Freiheit, Entwicklung, Abenteuer, Erfolg und Gesundheit
>
> **Schritt 2:** Nimm jetzt zwei Werte und vergleiche diese. Frage Dich: Ist Leidenschaft wichtiger als Fantasie? Leidenschaft
>
> **Schritt 3:** Dann vergleichst Du Leidenschaft mit den anderen Werten. Frage Dich: Ist Leidenschaft wichtiger als Freiheit? Ja usw.
>
> **Tipp:** Du brauchst nicht alle Werte mit allen zu testen. Wenn beispielsweise in Deiner Reihe auf einmal Abenteuer wichtiger ist als Leidenschaft, dann weißt Du schon mal, dass Abenteuer vor Leidenschaft kommt und alle, die hinter Leidenschaft kamen, dahinter einsortiert werden können.
>
> An einigen Punkten kann es sein, dass Dir die Einordnung schwer fällt. Beispiel: Ist mir Freiheit wichtiger oder Abenteuer? Wenn ich Abenteuer erlebe, dann fühle ich mich frei, aber ohne Freiheit kann ich keine Abenteuer erleben.
>
> Wenn Du so nicht weiter kommst, frage Dich „Was bedeutet für mich Freiheit und was bedeutet Abenteuer?" Freiheit könnte bedeuten, tun und lassen zu können, was man will. Abenteuer könnte bedeuten, aufregende Herausforderungen anzunehmen. Jetzt fällt der Vergleich deutlich leichter.
>
> Wenn Du trotz Nachfragen immer noch keine Unterscheidung treffen kannst, frage Dich: Was würde geschehen, wenn einer der beiden Werte wegfiele? Wie wäre es, sich ein Leben ohne Abenteuer vorzustellen? Es wäre langweilig, ich wäre energielos und hätte wenig Ansporn. Wie wäre ein Leben ohne Freiheit? Ich wäre abhängig. Jetzt frage Dich: Was ist

3 Werte und Glaubenssätze

schlimmer? Energielos oder abhängig zu sein? Wenn „energielos" Deine Antwort ist, dann ist Abenteuer wichtiger als Freiheit.

Deine persönliche Wertehierarchie: Was ist Dir wirklich wichtig?

1. _____

2. _____

3. _____

4. _____

5. _____

6. _____

7. _____

8. _____

9. _____

10. _____

Beispiele für Werte:

Liebe	Erfolg	Kreativität
Selbstlosigkeit	Verständnis	Sexualität
Attraktivität	Respekt	Gehorsam
Bewunderung	Ehrlichkeit	Integrität
Gesundheit	Professionalität	Großzügigkeit
Freiheit	Abenteuer	Einfluss
Macht	Unabhängigkeit	Ehrgeiz
Leidenschaft	Spaß	Vertrauen
Energie	Hilfsbereitschaft	Verantwortung
Lebensfreude	Wachstum	Entwicklung

3.5 Rote Linien

Vielleicht kennst Du das: Es gibt Sachen, die bringen einen von Null auf Hundert in unter einer Sekunde. Das kann Schatzi mit dem Finger auf einem wunden Punkt sein. Oder auch ein anhänglicher Fahrer einer bekannten deutschen Sportwagenmarke, der es sich auf der Autobahn bei Tempo 150 direkt an Deiner Stoßstange bequem gemacht hat. Oder die Deutsche Bahn, die mit der Präzision eines Schweizer Uhrwerks mal wieder 30 min und mehr Verspätung hat ... Am schlimmsten sind aber die Menschen, die mit Anlauf auf Deine Werte hüpfen und sie weder respektieren noch pfleglich mit ihnen umgehen ...

Eine meiner roten Linien war lange Zeit das Thema „Dankbarkeit". Ich bekam immer sofort schlechte Laune, wenn mal wieder irgendein Dankbarkeitsritual von Kolleg*innen thematisiert wurde. Da hatte ich wirklich keine Lust drauf und ich habe sofort auf dem Absatz kehrt gemacht. Abgesehen davon fand ich die Kolleg*innen, die mit dem Thema unterwegs waren, auch sofort maximal blöd. Dabei waren sie das gar nicht. Das war mir schon irgendwie klar, aber ich konnte gegen meine Dankbarkeits-rote-Linie einfach nicht an. Jemand sagte „Dankbarkeit" und Zack: Idiot*in. Im Laufe der Zeit wurde mir klar, warum das Thema „Dankbarkeit" bei mir eine rote Linie war und mich so triggerte. Als Kind wurde von mir in allen möglichen und unmöglichen Situationen Dankbarkeit eingefordert. Ich sollte hier dankbar sein und da. Leider auch sehr oft in Situationen, unter denen ich litt. Klar, dass daraus eine Dankbarkeitswut entstand. Frei nach dem Motto: „Ich lass mir doch nicht erzählen, wann ich dankbar sein soll. Ich bin dankbar, aber nur, wenn ich es für richtig halte und ich weiß auch alleine, wann das der Fall ist." Ich hatte damals das Gefühl, dass mir Gefühle, die ich selbstverständlich hatte, in den für mich falschen Situationen diktiert wurden. Für mich war und ist Dankbarkeit nichts, was man einfordern kann. Es sollte von Herzen kommen. Das Ergebnis des Dankbarkeitsdiktats war leider lange Zeit, dass ich um das Thema einen riesigen Bogen gemacht habe und es sogar abgewertet habe, um ja nicht wieder in puncto Dankbarkeit gemaßregelt zu werden. Und diese ganzen Lifecoaches kamen mir vor, als würden sie mich maßregeln ... Inzwischen ist das nicht mehr so. Einfach, weil ich verstanden habe, woher meine Ablehnung kam und das sie im Grunde nichts mit Dankbarkeit an sich zu tun hatte. So ist das oft mit roten Linien.

Rote Linien sind Grenzen, die wir selbst errichten, um unser Selbstbild und/oder unsere Werte zu schützen. Wichtig zu wissen ist, dass sie nur in unserem Kopf existieren. Natürlich gibt es Dinge, die wir uns nicht gefallen lassen sollten. Die Frage ist aber, wie emotional bzw. kopflos wir reagieren wollen. Da es ja unsere Grenzen sind, können wir auch selbst darüber entscheiden, wie streng wir sie bewachen bzw. wie hart wir eine Grenzverletzung ahnden wollen. Wir werden nicht ändern können, dass unsere Grenzen immer mal wieder verletzt werden. Andere Menschen haben halt andere Grenzen oder vielleicht kennen sie unsere Grenzen nicht oder sie sind ihnen schlicht und ergreifend egal. Manchmal werden unsere Grenzen verletzt, um die eigenen Grenzen zu schützen oder einfach nur, um endlich Ruhe zu haben. Die Gründe für Grenzverletzungen sind so vielfältig wie die Menschen, die sie begehen. Immer mit der gleichen stereotypen Reaktion zu antworten, ist nicht nur maximal unflexibel, sondern auch nicht besonders sozial intelligent. Mal ganz abgesehen davon gehören immer zwei dazu: Jemand, der die Knöpfe drückt, und jemand, der sich die Knöpfe drücken lässt. Anders ausgedrückt: Pick you battles.

Jetzt haben wir uns ja schon mit den eigenen Werten und Glaubenssätzen befasst, da ist der Weg natürlich nicht weit, zu unseren persönlichen roten Linien. Rote Linien sind die Grenzen zu unseren Glaubenssätzen, Werten und zu unserem Selbstbild. Alles ist eng miteinander verknüpft. Darüber hinaus haben rote Linien auch noch eine soziale Komponente: Sie sorgen dafür, dass wir uns in unseren sozialen Gruppen angemessen verhalten. Wenn es um das Tanzen in der Öffentlichkeit geht, sehr schön zu beobachten: Ab wann ist es angemessen, die Tanzfläche zu stürmen? Gott sei Dank gibt es die Menschen, die sich als erste nach vorn wagen, denn sonst würden wir alle immer nur kopfnickend um eine Tanzfläche herumstehen. Dann gibt es die, die tanzen, wenn genügend andere tanzen und schließlich die, die es gar nicht tun. Alle haben gute Gründe sich so zu verhalten, wie sie es tun. Insgesamt funktioniert die Tanzgemeinschaft ganz gut. Niemand aus der Gruppe würde auf die Idee kommen, sich mittendrin einfach auszuziehen. Es sei denn er oder sie würden dafür bezahlt oder wären einfach zu betrunken. Im letzteren Fall ist uns unser Verhalten am nächsten Tag unglaublich peinlich. Wir haben eine rote Linie überschritten …

4

Das Natural-Leadership-Modell

Machen wir uns nichts vor, im Grunde wissen wir doch, wie gute Führung aussieht, oder? Das interessante daran ist, dass wir genau wissen, wie es aussehen soll, es aber am Ende nicht tun. Das liegt zum einen daran, dass es uns oft viel mehr Anstrengung kostet, an das Ideal heranzureichen, als wir am Ende bereit sind zu investieren. Zum anderen liegt es daran, dass wir Dinge, Sachverhalte und psychologische Muster zwar kennen, sie in den entscheidenden Momenten aber häufig nicht parat haben.

Das Natural-Leadership-Modell setzt daher konsequent erst einmal bei uns selbst an. Denn, was bringt es, wenn ich andere Menschen führen will, wenn ich weder weiß, wo ich stehe, noch weiß, wo ich hinwill. Jetzt kann man natürlich anmerken, dass das ja im Unternehmen vorgegeben ist und dass die eigene Position ja wohl klar sein sollte. Das stimmt natürlich. Die Frage ist aber: Wie fülle ich sie aus? Denn die gleiche Position in einem Unternehmen und die gleichen Anweisungen können völlig unterschiedlich ausgefüllt und ausgeführt werden. Wenn wir uns in Unternehmen, vielleicht auch im eigenen einmal umschauen, finden wir sehr schnell die Menschen, die ihre Positionen besser ausfüllen als andere. Schaut man genauer hin, wird oft auch noch klar, dass es an der Fachkompetenz nicht liegt. Es liegt an der Persönlichkeit. Preisfrage: Warum ist eine Persönlichkeit anziehender, sympathischer und charismatischer als eine andere? Natürlich hat das mit persönlichen Sympathien zu tun, aber sehr viel auch damit, ob ein Mensch mit sich im Reinen ist. Und genau dieses „im Reinen mit sich sein" ist die Voraussetzung für ein Natural Leader.

Das Natural-Leadership-Modell steht auf sieben Säulen, welche eine Persönlichkeit maßgeblich ausmachen. Wer alle sieben Säulen für sich klar hat und sie immer mal wieder auf den Prüfstand stellt, ist in der Regel mit sich im Reinen. Übrigens bedeutet das nicht, das man für sich selbst keine Baustellen mehr hat. Man hadert nur nicht damit noch Baustellen zu haben. Das ist ein kleiner Unterschied mit großer Wirkung.

4.1 Wertschätzung und Anerkennung

Was ist Wertschätzung? Was ist Anerkennung? Eine Definition

Das wir für Wertschätzung und Anerkennung arbeiten, ist nicht neu. Die Preisfrage ist: Was ist das überhaupt. Das klingt merkwürdig vor dem Hintergrund, dass uns eigentlich allen klar ist, was das genau ist. Fragt man aber nach, dann gehen die Meinungen doch stark auseinander. Gerade im beruflichen Kontext. Beispielsweise scheiden sich die Geister an der Frage: Ist Geld Anerkennung? Aber warum die Frage nur im beruflichen Kontext stellen? Es ist durchaus legitim, diese Frage aus diesem Kontext herauszunehmen, denn bereits kleinen Kindern werden ein paar Cent oder ein paar Euro als Geschenk bzw. Anerkennung von Oma und Opa in die Hand gedrückt. Zu meiner Zeit waren es noch D-Mark. Ich kann mich beispielsweise an das Ritual einer Oma erinnern, die mir immer eine Tafel Kinderschokolade mit fünf Markstücken beklebt schenkte. Im Grunde hat mich die Schokolade damals mehr interessiert, aber ich kann mich an die blanken Geldstücke erinnern, die der Schokoladenverpackung Schwere und damit etwas Besonderes verliehen. Bemerkenswert an diesem Ritual war, dass ich es irgendwann erwartete und es nicht mehr so besonders war. Ich wusste, zu welchem Zeitpunkt die Schokolade mit dem Geld gezückt wurde und wann ich diese kriegen würde. Das Ritual wurde nie ausgesetzt. Rückblickend würde mich meine Reaktion auf ein Ausbleiben des Rituals interessieren. Ich vermute, ich wäre sauer gewesen, obwohl ich mich gar nicht mehr so riesig über die Tafel gefreut habe. Es war einfach selbstverständlich geworden.

Nun kann man anmerken, dass ich eine verzogene Göre war, die den Wert des Geschenkes nicht zu schätzen wusste. Und da ist auch was dran. Ich hatte keinen blassen Schimmer. Aber was hätte ich als Kind denn anderes fühlen sollen? Und sind wir Erwachsenen am Ende nicht genauso? Was ist eine Geldprämie wert, wenn sie jedes Jahr mit Trauter Regelmäßigkeit kommt? Geld kann Anerkennung ausdrücken. Ist aber auch bei Erwachsenen schwierig zu dosieren. Es kommt nämlich bei Anerkennung, und das gilt nicht nur im monetären Bereich, darauf an, was einzelne individuell als Anerkennung empfinden. Die einen empfinden eine Prämie von 200,- Euro als super, die anderen halten das für einen schlechten Scherz. Natürlich hängt es auch stark von der Branche ab, ob ein Betrag als wertschätzend empfunden wird.

Darüber hinaus kommt es auch darauf an, wieviel denn die Kolleg*innen erhalten. Und machen wir uns nix vor: Natürlich sprechen Mitarbeitende über ihr Gehalt. Auch wenn es in ihrem Arbeitsvertrag ausdrücklich ausgeschlossen ist. Und dann geht es los: Mitarbeitende, die gerade noch ganz happy mit ihrer Prämie waren, finden diese im Vergleich mit Max Mustermann plötzlich viel zu gering angesetzt. Der leistet doch viel weniger, trägt weniger Verantwortung und arbeitet doch eh nur auf Anweisung: Des Glückes Tod ist immer der Vergleich …

Alle, die ein System der geldorientierten Motivation, also ein Bonussystem nutzen, sollten sich darüber im Klaren sein, dass häufig ein Gewohnheitseffekt und eine Haltung „Das ist ja wohl das Mindeste" eintritt. Bei hoch kompetitiven Menschen, die oft im Vertrieb anzutreffen sind, ist das etwas anderes. Aber auch sie brauchen zusätzlich Wertschätzung und Anerkennung.

Unternehmen, in denen Wertschätzung und Anerkennung nicht nur in leeren Worthülsen auf irgendwelchen Leitbildern auf irgendwelchen Fluren herum hängen, sondern wo diese Dinge tatsächlich gelebt werden, ist in der Regel zusätzlicher monetärer Anreiz nicht nötig. Warum nicht? Weil Wertschätzung und Anerkennung viel mehr sind, als eine jährliche Prämie. Das Problem ist, dass Wertschätzung und Anerkennung oft mit der Karotte vor der Nase verwechselt werden. Problematisch daran ist, dass der Mitarbeitende als Esel gesehen wird, der wohl losläuft, wenn man ihm eine Möhre vor die Nase hält. Erstens sind Mitarbeitende keine Esel und zweitens sind nicht mal Esel so doof. Die klugen Tiere verstehen auch ganz schnell, was da gespielt wird und bleiben stehen …

Es ist viel sinnvoller, sich mal die Frage zu stellen, was Wertschätzung und Anerkennung im Menschen auslöst. Dann kommt man nämlich schneller darauf, wie man das Arbeitsfeuer entzünden könnte. Wertschätzung und Anerkennung lösen in uns Menschen Freude, Stolz und Zufriedenheit aus. Wer das in Menschen auslöst, erhält im Gegenzug bessere Arbeitsleistungen und einen geringeren Krankenstand. Erfolgs- und Selbstwirksamkeitserlebnisse lösen solche Gefühle auf. Diese wiederum erleben Menschen, wenn sie selbstbestimmt, eigenverantwortlich und innerhalb ihrer Möglichkeiten herausfordernd tätig sind. Ein weiterer Punkt ist, dass sie sich einbringen können, dass sie nach ihrer Meinung gefragt werden und das ihnen ernsthaft zugehört wird. Mit anderen Worten: Nicht das Ergebnis, sondern die Menschen stehen im Mittelpunkt. Das erstaunliche ist, dass sich das Ergebnis dadurch automatisch verbessert …

4.2 Warum sind Wertschätzung und Anerkennung so wichtig?

Warum sind Wertschätzung und Anerkennung so wichtig (vgl. Abb. 4.1)? Eine gute Frage. Vor allem, weil die meisten Menschen, denen man die Frage stellt „Warum arbeitest Du eigentlich?" Auf Wertschätzung und Anerkennung zunächst nicht kommen oder zumindest nicht darauf kommen wollen. Denn so richtig schick ist es ja nicht, aus diesen Gründen zu arbeiten. Ein nützliches Mitglied der Gesellschaft sein oder weil es Sinn macht oder weil man sich selbst verwirklichen will. Ein ehemaliger Kollege hat mal geantwortet, dass Arbeit für ihn lebenslanges Lernen und damit Weiterentwicklung seien. Die Antwort hat mir gefallen. Allerdings habe ich mich gefragt, ob es wirklich so interessant ist, die Finanzmärkte

4 Das Natural-Leadership-Modell

Abb. 4.1 Anerkennung und Wertschätzung

und die rechtlichen Zusammenhänge zu verstehen. Aber natürlich ist es das. Wer die Finanz- und Wirtschaftskrise von 2007/2008 verstehen will, muss die Zusammenhänge kennen und verstehen. Ebenso verhält es sich bei CumEx und allen anderen Finanzdebakeln. Andere Menschen versuchen beruflich Krankheiten zu heilen, Menschen zu verstehen, die Welt zu erforschen, sich in Untiefen unseres Steuersystems hineinzudenken oder das Paarungsverhalten des gemeinen Mistkäfers zu erforschen. „Interessante Lernstoffe" liegen eben immer im Auge des Betrachtenden.

Wer aber wiederum nichts tut, ist gesellschaftlich nicht anerkannt. Es sei denn, er hat genug eigenes Geld. Wobei die Menschen mit genug eigenem Geld UND einem Job oder einer Passion wieder besser angesehen werden. Ansehen ist übrigens nichts anderes als Wertschätzung und Anerkennung. Wer aber nicht arbeitet und kein eigenes Geld hat, steht nicht so hoch im Kurs. Ehepartner*innen von Menschen mit Geld ausgenommen. Das heißt, dass wir unseren Wert auch an unserer Arbeit festmachen.

Neuere Entwicklungen zeigen, dass gerade jüngere Generationen zum Teil vom Thema Sinn getrieben sind. Die Erwartungshaltung an Unternehmen und Marken ist in diesem Zusammenhang hoch. Aber nur, wenn sie Sinn und Nachhaltigkeit vor sich hertragen. Anders ausgedrückt: Wer verspricht, muss auch liefern. Wenn das nicht der Fall ist, dann kann das für Unternehmen aber auch für Einzelpersonen dem Ansehen so sehr schaden, dass Zusammenarbeit aufgekündigt wird bis hin zu massiven Umsatzeinbußen. Im Jahr 2022 mussten das beispielsweise die Gewürzmarke „Ankerkraut" und der Influencer Fynn Kliemann schmerzhaft feststellen.

Die Gewürzhändler „Ankerkraut" hatten sich Nachhaltigkeit und faire Bedingungen beim Anbei der von ihnen verwendeten Gewürze bei ihrem Antritt auf die Fahnen geschrieben. So entstanden viele Kollaborationen mit Influencer*innen, die genau für solche Werte auf ihren Plattformen eintraten. Nach der Übernahme von Nestlé musste das Start-up deutliche Einbußen hinnehmen und verlor einen Großteil seiner Kollaborationspartner*innen (Schneider, 2022). Tolle Sachen erzählen und dann nicht maximal konsequent sein, funktioniert nicht. Wenn Du Dich gerade fragst, was das mit Anerkennung zu tun hat, lass mir noch kurz Zeit die Geschichte von Fynn Kliemann zu erzählen, dann komme ich darauf. Versprochen.

Ähnlich erging es Influencer und Musiker Fynn Kliemann. Kliemann wurde durch tollpatschige Heimwerkervideos bekannt. Machte dann Musik, kaufte und renovierte ein Hausboot mit Olli Schulz und drehte darüber eine Netflix Doku und und und. Kliemann war zwar chaotisch, aber stand immer für „das Gute". Er war Partner von Viva con Aqua und machte sich für Fairness stark. Dafür folgten ihm auf Instagram fast 1 Mio. Menschen. Das ging so weit, dass er am Anfang der Pandemie mal eben Masken fair in Europa zum Selbstkostenpreis produzieren ließ, als es gerade nirgendwo Masken gab. Das hat er mit einem Partner, der seine Textilkollektion produzierte, irgendwie hingekriegt und dann hat er auch noch Masken an das Flüchtlingscamp in Moria gespendet. Mega.

Das alles wohl doch nicht so mega war, deckte im Mai 2022 das ZDF Magazin Royal auf und zeigte, dass die Masken von Fynn wohl aus Bangladesch kamen und er wohl doch ziemlich gut daran verdient hat. Weiterhin waren die nach Moria gespendeten Masken eine fehlerhafte Charge, die er und sein Kollege nicht an die Vertriebsunternehmen weiter geben konnten … Das hat Kliemann vorerst seine Karriere gekostet (Hüfner, 2022).

Warum diese beiden Beispiele? Weil sich Wertschätzung und Anerkennung eben auch aus anderen Kanälen als nur Geld speisen kann. Gutes tun oder zumindest moralisch einwandfrei arbeiten, ist inzwischen ein sehr hohes Gut. Kliemann und Ankerkraut hatten bis zu ihren Skandalen nie Probleme, gute Leute für ihre Unternehmungen zu finden. Die Wertschätzung und Anerkennung, die beide Unternehmungen erhielten, strahlte auf deren Mitarbeitende ab. Natürlich hat das Ganze auch etwas mit „Sinn stiften" zu tun. Aber eben auch, und das wird in den „Unternehmen-müssen-Sinn-bieten-Mantras" gern vergessen: mit Wertschätzung und Anerkennung. Je besser unsere Arbeitgebenden angesehen werden, umso besser sind auch wir angesehen. Es ist etwas Anderes, ob Du bei Viva con Aqua oder Greenpeace arbeitest oder bei Heckler und Koch. Die ersten beiden kannst Du mit Stolz überall verkünden. Letzteres nicht.

Die nichtmonetäre Form der Anerkennung kommt in vielen Facetten daher und ist vielleicht sogar wichtiger als die monetäre, denn über leistungsgerechte Bezahlung muss man nicht mehr sprechen: die ist selbstverständlich. Sollte sie zumindest sein. Joachim Bauer schreibt dazu in seinem Buch „Prinzip Menschlichkeit": „Nichts aktiviert die Motivationssysteme im Gehirn so sehr wie der Wunsch, von anderen gesehen zu werden, die Aussicht auf soziale Anerkennung, das Erleben positiver Zuwendung und – erst recht – die Erfahrung von Liebe … Alle Ziele, die wir im Rahmen unseres normalen Alltags verfolgen, die Ausbildung oder den Beruf betreffend, finanzielle Ziele, Anschaffungen etc., haben aus der Sicht unseres Gehirns ihren tiefen, uns meist unbewussten

Sinn dadurch, dass wir damit letztlich auf zwischenmenschliche Beziehungen zielen, das heißt, diese erwerben oder erhalten wollen Das Bemühen des Menschen, als Person gesehen zu werden, steht noch über dem, was landläufig als Selbsterhaltungstrieb bezeichnet wird." (Bauer, Joachim (2008), Prinzip Menschlichkeit, Heyne Verlag, München). Mit anderen Worten, Anerkennung kommt in vielen unterschiedlichen Formen daher. Es kommt eben ganz stark darauf an, wie der Anerkennungsempfänger gepolt ist. Und gerade in der heutigen Zeit, die extrem auf Äußerlichkeiten getrimmt ist, ist Geld durchaus ein Faktor, der zu Anerkennung führt. Aber und das ist für Führung existenziell: Es ist nicht der Einzige und ohne weitere Faktoren funktioniert er eben nicht.

4.3 Sich selbst wertschätzen und anerkennen

Preisfrage: Was ist die Voraussetzung, um überhaupt Wertschätzung und Anerkennung geben zu können? Na klar: Ein gesundes Selbstvertrauen und ein wertschätzender Blick auf sich selbst. Wer mit sich im Reinen oder sogar mit sich zufrieden ist, der/die kann anderen Wertschätzung und Anerkennung zu Teil werden lassen. Wer das nicht ist, hat es zumindest mal schwerer und ist vermutlich nur zu einer fassadenartigen Form in der Lage. Im Grunde steckt hier der alte Spruch „Ich bin okay. Du bist okay" dahinter. Meiner Ansicht nach ein Spruch, der gewaltig unterschätzt wird.

Sich selbst wertschätzen, ist nichts anderes als Selbstachtung. In diesem Begriff steckt das Wesentliche schon drin: Sich-selbst-achten. Das ist gar nicht so einfach, wie es klingt. Denn wenn wir über den Tag verteilt mal unseren Selbstgesprächen lauschen, dann stellen wir häufig fest, dass wir ganz schön unfreundlich mit uns selbst sprechen. Wenn wir mit anderen Menschen so sprechen würden, hätten wir garantiert keine Freund*innen mehr und wären ziemlich einsam.

Jetzt kann man natürlich einwenden, dass diese Introspektive ja ganz schön egoistisch sei und dass es gerade bei Führung eben nicht um die Anderen ginge. Das stimmt. Zumindest, was die Führung anbelangt. Aber das eine Introspektive egoistisch ist, stimmt nur, wenn sie aus der Bahn gerät. Hier wird ein Schuh draus: Wir beschäftigen uns viel zu wenig mit uns selbst, aus Angst egoistisch zu sein. Dadurch sind wir uns unserer Selbst kaum bewusst und laufen in alle Verhaltens- und Kommunikationsfallen, die es gibt. Denn, was wir völlig vergessen ist, dass eine Introspektive keine Schau des hübschesten Nabels ist, es ist vor allem, sich Klarheit über die eigenen Schwächen, Fehler und Vorlieben zu verschaffen. Das erzeugt in der Regel keinen Egoismus, sondern, wenn man ehrlich zu sich selbst ist, Souveränität. Es erzeugt eine Haltung, die sagt „Ja, das und das kann ich nicht. Das und das sind meine Schwächen. Damit kann ich umgehen". Souveränität bedeutet nämlich nicht keine Fehler zu haben bzw. keine Fehler zu machen. Es bedeutet mit ihnen offen und ohne Groll umzugehen. Wer das für sich selbst kann, kann das auch ganz problemlos bei anderen.

Darüber hinaus sinkt das Bedürfnis vor Anderen gut dazustehen und die Freude am gemeinsamen, lösungsorientiertem arbeiten steigt. Beobachte beim Arbeiten, gern auch in der Freizeit, einmal Dein Umfeld. Frage Dich: Warum tun die Menschen gerade, was sie tun. Am besten lässt sich das in Besprechungen und in Meetings beobachten. Am klarsten kommunizieren Menschen mit einem gesunden Selbstvertrauen und gesunder Selbstachtung.

Wenn Du in diesem Bereich besser werden willst und mehr Souveränität erlangen möchtest, dann frage Dich einmal ganz ehrlich, wie es um Dein Selbstvertrauen und Deine Selbstachtung bestellt ist. Dazu hilft der folgende Fragebogen der Kommunikationstrainerin Vera F. Birkenbihl (Birkenbihl, 2013).

4.4 Übung: Wie entsteht mein Selbstwertgefühl?

Das Selbstwertgefühl ist die zentrale Einheit unseres Seins, auf die wir uns letztlich immer beziehen.

Auf den ersten Blick mag dies eigentümlich anmuten, aber: Jeder Mensch möchte wertvoll sein. Ob er sich bemüht, ein besonders „guter Mensch" zu werden, oder ob er „gute Leistungen" anstrebt. Ober er nun ein besonders „guter Spezialist" oder „eine perfekte Hausfrau" sein möchte. Was immer Deine Ziele auch sein mögen: Wenn Du diese erreichst, fühlst Du Dich gut. Dann „hat es sich gelohnt". Dann fühlen wir unseren eigenen Wert.

Übung

Erstelle eine Liste von 10 Tätigkeiten, die Du ausführst, und frage Dich dann: Warum tue ich das eigentlich? Wichtig: Sei ehrlich zu Dir selbst. Sonst bringt die Übung nichts.
  Nachfolgende Liste ist als Hilfestellung gedacht, aus der Du Zutreffendes herausschreiben und Anregungen gewinnen kannst:

1. Eine neue Aufgabe übernehmen:	Erhöhtes Selbstwertgefühl, mehr Anerkennung durch die Umwelt, mehr Befriedigung durch die eigene Leistung
2. Ein Fachbuch lesen:	Mehr Sicherheit, bessere Argumentationsfähigkeit
3. Jemand von einer guten Leistung erzählen:	Seine Anerkennung erhöht mein Selbstwertgefühl
4. Dieses Seminar besuchen:	Wie 2. S. o.
5. Schicke Klamotten tragen:	Je besser ich aussehe, desto besser fühle ich mich, und umgekehrt
6. Ein Musikinstrument lernen:	Meine Fähigkeiten verbessern und Anerkennung von außen erhalten
7. Einen Witz erzählen:	Verschafft Anerkennung, Geltung und Bewunderung
8. Jemandem helfen:	Anerkennung, weil ich mich und meine Bedürfnisse selbst hinten anstelle Oder/Und Mein Wissen/Können gibt mir das Gefühl besser zu sein. Das erhöht mein Selbstwertgefühl

---

In gleicher Form, in der wir selbst Dinge tun, um wertgeschätzt zu werden, tun dies natürlich auch andere. Bitte dabei nie vergessen: Das Streben nach Wertschätzung und Anerkennung ist in uns genetisch verankert. Wer in der Steinzeit in seiner sozialen Gruppe keine Wertschätzung und Anerkennung erfuhr, lebte ständig mit dem Risiko, aus der Gruppe rauszufliegen. Das wiederum bedeutete den sicheren Tod. So strebten alle Gruppenmitglieder nach Wertschätzung und Anerkennung und dadurch taten sie die Dinge, die für das Überleben der Gruppe wichtig waren. Zack: Erfolgreiche Gruppe mit top Überlebenschancen. Ob es manche mit dem Streben nach Wertschätzung und Anerkennung, wie in heutigen Meetings und Besprechungen oft üblich, damals schon übertrieben haben? Keine Ahnung. Aber die Wahrscheinlichkeit war ziemlich hoch, dass das für sie nach hinten losgegangen ist, denn Wertschätzung und Anerkennung wurden, aufgrund der äußeren harten Umstände, wahrscheinlich nur für tatsächliche Leistungen verteilt. Trotzdem kann ich mir gut vorstellen, dass es schon in der Steinzeit Windbeutel und Schaumschläger*innen gegeben hat. Aber im Ernst: Das Streben nach Wertschätzung und Anerkennung liegt in unserer Natur. Es ist weder unziemlich noch verwerflich. Es zählt zu den menschlichen Grundbedürfnissen und sollte entsprechend gewürdigt werden. Nicht nur von uns für andere, sondern auch von uns selbst für uns selbst.

Wenn wir nun feststellen, dass es mit unserer Selbstachtung noch nicht so weit her ist, dann können folgende Punkte helfen:

- Hör auf, Dich im Geiste selbst zu geißeln. Statt Gedanken wie: „Wie dämlich kann man sein ... Wie dumm bist Du eigentlich" hin zu „Ach guck mal. Das hat noch nicht geklappt. Das klappt beim nächsten Mal besser .... Wieder was gelernt."
- Akzeptiere Deine Schwächen, denn oft sind unsere Stärken und unsere Schwächen untrennbar miteinander verbunden. Schnelles arbeiten geht oft mit Flüchtigkeitsfehlern einher. Gründliches Arbeiten beinhaltet oft ein zu langsames Tempo und die Gefahr, nie fertig zu werden.
- Kennst Du alle Deine positiven Eigenschaften? Erstelle eine Liste.
- Schreibe jeden Tag drei Dinge auf, die Dir gut gelungen sind. „Normal" zählt auch als gut! Ziehe das mindestens einen Monat durch.
- Nein ist das neue Ja. Ein „Nein" ist in der Regel ein „Ja" für Dich. Sage „Nein", wenn Du keine Zeit hast. Damit sagst Du „Ja" zu anderen Aufgaben. Außerdem ist ein halbherziges „Ja" im Grunde gar nichts.
- Positives Denken hilft. Probiere es aus.
- Richte Deinen Blick immer auf die Lösung, nicht auf das Problem.

- Nimm Komplimente an und freue Dich darüber. Du darfst stolz sein.
- Lass negative Gedanken links liegen.
- Setze Ziele immer realistisch. Und wenn sie von anderen nicht realistisch gesetzt werden, gib Dein Bestes ohne Selbstzerfleischung, wenn es nicht klappt.

4.5 Andere wertschätzen und anerkennen

Der Weg, wie es möglich ist, andere wertzuschätzen, ist nicht weit, wenn man sich selbst wertschätzt und anerkennt. Allerdings gibt es auch hier, bei aller Menschenliebe in der Regel ein Problem: Menschen, die wir nicht mögen.

Zunächst einmal hilft es, eine vordergründige Professionalität abzulegen, die besagt, dass solche Gefühle bzw. Abneigungen unprofessionell wären. Das ist Quatsch. Nur weil wir bei der Arbeit sind, werden wir kein anderer Mensch. Auch wenn diese Einstellung noch in vielen Köpfen steckt, gilt, nicht alles, was in Köpfen steckt, ist richtig. Schließlich haben wir auch mal gedacht, dass die Erde eine Scheibe ist und Frauen weniger intelligent sind als Männer. Zurück zu den Kolleg*innen, die wir nicht leiden können. Ein Problem, welches weitgehend entfällt, wenn wir uns unser Team selbst zusammenstellen können. Das ist aber eher selten der Fall. Darüber hinaus sind inzwischen häufig Stellen zu besetzen, bei denen wir froh sind, überhaupt Bewerber*innen zu haben. Da nimmt man, wen man kriegen kann. Egal, ob nett oder doof …

Da wir Menschen, ob wir wollen oder nicht, Gefühle haben und diese auch nicht weggehen, wenn wir uns das nur stark genug einreden, ist die Frage, wie gehen wir damit um, wenn wir jemanden nicht mögen. Denn auch diese Person hat unsere Anerkennung und Wertschätzung verdient. In diesem Moment ist die Theorie, die Gefühls- und die Faktenebene zu trennen, hilfreich. Aber Obacht: Der Kardinalsfehler, der hier immer gemacht wird, ist, die Gefühlsebene zu ignorieren und nur auf der Faktenebene zu agieren. Das funktioniert nicht und ist in vielen Unternehmen immer wieder zu beobachten. Der Grund: Gefühle gehen nicht weg, wenn man sie ignoriert. Sie stauen sich auf und bahnen sich auf die eine oder andere Weise ihren Weg. Denn Gefühle sind ein Hormoncocktail in unserem Blut, den wir nicht wegargumentierend können. Dieser Hormoncocktail wird abgebaut, wenn man den Körper lässt. Der erste Schritt dazu ist, sich über die Gefühle klar zu werden und diese anzuerkennen. Ja, ich mag Herrn Schmidt und Frau Müller nicht. Das ist okay. Ich muss ja nicht mit ihnen in Urlaub fahren.

Der nächste Schritt ist, wenn die Gefühlsebene geklärt ist, zu schauen, was Herr Schmidt und Frau Müller denn gut können. Das ist die Faktenebene. Das kann man in der Regel problemlos anerkennen und wertschätzen. Einen Haken gibt es allerdings noch: Wenn wir jemanden nicht mögen, fällt es uns schwerer, die Dinge zu finden, die dieser Mensch gut kann. Daher ist es wichtig, sich vorher genau klar zu machen, was man an dem besagten Menschen nicht mag. Wenn man einfach nur sagt „XY mag ich nicht" und dann weiter macht, dann spielt unser Gehirn mit sehr hoher Wahrscheinlichkeit Streiche und kehrt die eine oder andere gute Leistung von XY einfach unter den Teppich.

> **Wichtig!**
> **Wir halten fest:** Menschen, die wir mögen, anzuerkennen und wertzuschätzen, ist verhältnismäßig einfach. Wir müssen es nur tun.
> Bei Menschen, die wir nicht mögen, bedarf es ein wenig mehr Anstrengung. Wir müssen uns unserer eigenen Abneigung bewusst werden und uns klar machen, aus welchen Gründen wir XY nicht mögen. Das hat oft etwas mit unseren Werten und Glaubenssätzen zu tun. Der nächste Schritt ist sich klarzumachen, dass XY fachlich aber einiges drauf hat, und das können wir wertschätzen und anerkennen. Achtung: Auch das müssen wir aktiv tun.

Eine gute Hilfe ist, eine Wertschätzungsbuch zu führen. Das klingt zunächst etwas schräg, ist es aber gar nicht. Unser Erinnerungsvermögen ist nämlich nicht so, wie wir es gerne hätten. Es erinnert sich nämlich nur an die Dinge, die uns eindrücklich aufgefallen sind. Dinge, die wir nur am Rande bemerkt haben, vergessen wir sehr schnell wieder. Beispielsweise, wenn ein Mitarbeitender eine Kleinigkeit gut gemacht hat, für die wir ihn bei Gelegenheit loben wollten. Kommt eine größere Sache eines anderen Mitarbeitenden, den/die wir lieber mögen oben drauf, vergessen wir die Kleinigkeit. Darüber hinaus können wir uns nicht mal merken, wie oft und wann wir mit wem in einem Monat gesprochen haben. Da kommt das Wertschätzungsbuch ins Spiel: Schreib Dir auf, wann und wie oft Du mit wem sprichst. Das kann eine einfache monatliche Strichliste sein oder Du nimmst einen Kalender und schreibst Kürzel an dem entsprechenden Tag rein. Außerdem schreibst Du Dir die guten Dinge auf, die Deine Mitarbeitenden gemacht haben. Das sind pro Tag höchstens fünf Minuten Arbeit. Aber sie zahlt sich aus. Denn so bist Du in der Lage wirklich zu sehen und zu beurteilen, wie fair Du bist und wie wertschätzend.

Noch ein letzter Hinweis: Die Fehler haben in diesem Buch nichts zu suchen. Negatives können wir uns eh besser merken. Und für ein positives Betriebsklima ist es eh irrelevant.

Literatur

Warum Wertschätzung und Anerkennung so wichtig sind

Bauer, J. (2008). *Prinzip Menschlichkeit*. Heyne.
Hüfner, D. Fynn Kliemann: Chronik eines Influencer-Fiaskos, 18. Juni 2022, Gründerszene. https://www.businessinsider.de/gruenderszene/business/fynn-kliemann-chronik-eines-influencer-fiaskos-j/. Juli 2022
Schneider, P. Ankerkraut in rauer See, 3.Mai 2022, WirtschaftsWoche. https://www.wiwo.de/unternehmen/dienstleister/nach-uebernahme-durch-nestle-ankerkraut-in-rauer-see/28295830.html

Sich selbst und andere wertschätzen

Birkenbihl, V. F. (2013). *Kommunikationstraining: Zwischenmenschliche Beziehungen erfolgreich gestalten*. mvg.

5

Kreativität

5.1 Was ist Kreativität? Eine Definition

Jeder Mensch ist kreativ. Ja, genau! Das ist eine Aussage, die man erst einmal sacken lassen muss. Denn in der Regel ist die erste Reaktion auf diese Aussage: Quatsch, das stimmt nicht. Verständlich, denn Kreativität wird in unseren Breitengraden in der Regel mit bestimmten Künsten assoziiert. Schauspiel, Schreiben, Malen, Singen, Musizieren, Tanzen und andere kunsthandwerkliche Fähigkeiten zählen dazu. Übt man keine dieser Tätigkeiten aus, ist man nach landläufiger Meinung auch nicht kreativ. Dabei sind die oben genannten und die mit ihnen assoziierten Tätigkeit auch nur Tätigkeiten. All das kann man lernen. Wie alles andere auch. Ja, richtig gut Malen und Zeichnen kann man lernen. Es gibt leider nicht viele wirklich gute Kunstlehrer*innen, die es vernünftig beibringen. Um richtig gut zu werden, bedarf es einfach nur Übung. Erst nachdem wir sehr viel geübt haben, trennt sich dann Talent und Durchschnitt. Wenn beide Gruppen gleich viel üben, dann bringen es Menschen mit Talent zu außergewöhnlichen Leistungen. Nichtsdestotrotz werden die ohne Talent auch sehr gut. Die bekannte These von Malcom Gladwell, dass alle mit 10.000 h Übung meisterlich werden, ist mit Vorsicht zu genießen. Denn sein Vergleich hinkt ein wenig. Denn wenn jemand mit Talent und jemand ohne gleich viel üben, wird die Person mit Talent natürlich die Nase vorn haben. Aber: Nicht alle Personen mit Talent haben auch Biss. Biss zahlt sich also aus. Das glaube ich auch (Haase, 2020).

Was hat das jetzt mit Kreativität zu tun? Ein paar Dinge müssen wir noch beleuchten, um die Herleitung komplett zu machen.

Grundsätzlich entscheiden Wissenschaftler*innen im Hinblick auf Kreativität zwischen divergentem und konvergentem Denken. Divergentes Denken ist, wenn man sich für eine Aufgabe oder ein Problem mehrere Lösungen ausdenken bzw. zurechtlegen kann. Das kann schon etwas ganz Banales sein wie die Frage: Was koche ich heute zum Abendessen, dass allen Familienmitgliedern schmeckt? Auf diese Frage gibt es in der Regel mehr als eine Antwort. In meinem Fall wäre das zum Beispiel: Spaghetti Bolognese, Königsbergerklopse oder eine indische Gemüsepfanne.

Das konvergente Denken ist dafür zuständig, die Variante zu finden, die uns am meisten nützt bzw. weiterbringt. In meinem Beispiel habe ich Gemüse, Reis und indische Gewürze zu Hause. Für die anderen beiden Gerichte müsste ich einkaufen gehen. Ergo: Es gibt Gemüsepfanne! (Uhrig, 2020)

Für kreative Ideen brauchen wir beides. Und beide Denkweisen befruchten sich Gegenseitig. Das ist in der Regel bei fast allen durchschnittlich intelligenten Menschen der Fall. Wer es jetzt noch gewohnt ist, außerhalb der üblichen Maßstäbe zu denken, ist in der Regel überdurchschnittlich kreativ. Aber Obacht: In der Regel nur auf seinem Gebiet. Nämlich auf dem Gebiet, auf dem er/sie sich auskennt und schon viel geübt hat.

Kreativität ist, wenn man aus dem gewohnten Neues erschafft. Das ist bei meinem Kochbeispiel nicht der Fall. Aber, wenn ich den Denkprozess umkehre und nachschaue, was ich im Kühlschrank habe, und daraus etwas kreiere, was allen schmeckt, dann ist das richtig kreativ. Das geht aber nur, wenn mein Können in der Küche schon auf einem Fortgeschrittenen Level ist. Denn ich habe die Möglichkeit, dass was ich schon weiß. neu zusammen zu setzen. Und so wird ein Schuh draus: Kreativität ist, das. was man schon weiß. neu zu ordnen und so vollkommen neue Ergebnisse zu erzielen. In diesem Tenor beschreibt es such Professor Rainer M. Holm-Hadulla in seinem Buch „Kreativität – Konzept und Lebensstil". Hadulla bringt in seinem Buch auch das Beispiel, dass die oft so gefeierte kindliche Kreativität eigentlich keine ist. Denn sie erschafft ja nicht Neues aus Altem. Es ist lediglich eine Form des Lernens und Übens. Das Kreative sehen die Erwachsenen darin. Das Kind nicht. Im Gegensatz dazu sind Picasso oder Dali extrem kreativ. Sie erschaffen aus althergebrachtem etwas Neues. Ähnlich verhält es sich mit Mozart, Beethoven oder auch mit Steve Jobs und Mark Zuckerberg. Auf verschiedenen Spielwiesen, aber im Prinzip gleich.

Was hat das alles jetzt wieder mit Üben zu tun? Ganz einfach: Je besser ich meinen Bereich beherrsche, umso mehr Repertoire habe ich, um Neues zu erschaffen. Anders ausgedrückt: Wenn Übung Bauklötze wären, dann habe ich, je mehr ich übe, immer mehr Bauklötze und diese kann ich am Ende leichter neu zusammensetzen.

5.2 Warum Kreativität so wichtig ist

Kreativität ist ein psychologisches Grundbedürfnis des Menschen. Darum ist sie so wichtig. Was? Ja, genau: ein Grundbedürfnis! Wie bereits beschrieben hat Kreativität nicht sooo viel mit Kunst zu tun. Kreativität und künstlerisches Schaffen werden landläufig in einen Topf geworfen. Vermutlich, weil Kreativität im künstlerischen Schaffen am einfachsten zu sehen ist. Aber Kreativität ist, wie wir bereits gesehen haben viel mehr. Sie ist die Kunst, Neues aus Altem bzw. Bekanntem zu erschaffen.

Der Drang nach Kreativität scheint uns Menschen angeboren zu sein. Noch so eine These, die zunächst ungewohnt klingt. Aber wie, wenn nicht durch kreative Leistungen, sollten wir sonst unserer Individualität Ausdruck verleihen? Wir richten unsere Wohnungen individuell ein, konfigurieren unsere Autos, haben einen eigenen Kleidungsstil ... Aber warum das alles? Es beinhaltet schließlich auch jede Menge Konfliktpotenzial. Die offensichtlichen Vergleiche in den Sozialen Medien, die nicht nur junge Menschen häufig krank machen, sind da nur die Spitze des Eisberges. Wäre es von der Evolution nicht klüger gewesen, uns einfach George Orwell mäßig gleichzuschalten? Im Gegenteil. Die Erfolgsgeschichte der Menschheit, entwicklungsbiologisch betrachtet, fußt zum einen auf ihrer Intelligenz und zum anderen auf Kreativität. Okay, das wir Hände haben und der aufrechte Gang spielen auch eine nicht ganz unerhebliche Rolle, aber diese beiden Punkte sind für die Themen „Führung" und „Selbstführung" nicht allzu relevant. Spaß beiseite: Kreativität ist mit dafür verantwortlich, dass die Menschheit soweit gekommen ist. Um zu gewährleisten, das so nützliche Erfindungen wie die Kunst des Feuer Machens, das Rad oder Penicillin auch wirklich gemacht werden, müssen Kreativität und der Drang nach Entfaltung und Gestaltung in jedem Menschen verankert sein. Denn, ob diese Veranlagung am Ende auch „ausbricht" und der Spezies dienlich sein wird, hängt von so vielen weiteren Faktoren ab, dass am Ende nicht mehr allzu viele Menschen zu bahnbrechenden kreativen Leistungen in der Lage sind. Bei den meisten Menschen wird Kreativität im Laufe der Zeit verschüttet anstatt ausgebildet. Trotzdem ist das Bedürfnis nach Entfaltung und Gestaltung immer und bei jedem Menschen vorhanden.

Gehen wir also mal davon aus, dass es ein menschliches Grundbedürfnis nach Kreativität, Entfaltung und Gestaltung gibt, dann geht jede Form von „Abarbeiten" und „Anweisungen ausführen" gegen die menschliche Natur und führt im besten Falle „nur" zu Unzufriedenheit.

Wird Kreativität und das Bedürfnis nach Entfaltung unterdrückt bzw. nicht berücksichtigt, hat dies nachweislich gesundheitliche Konsequenzen. Diese Erkenntnis ist übrigens gar nicht so neu. Schon 1976 stellte Ellen J. Langer – Professorin an der Harvard University – gemeinsm mit ihrer Kollegin Judith Rodin fest, dass mangelnde Gestaltungsmöglichkeit nicht nur fatale gesundheitliche Folgen haben können, sie können sogar ein deutlich früheres Ableben verursachen (Langer, 1976). Die beiden Wissenschaftlerinnen erforschten in ihrer Studie die Auswirkungen minimaler Kreativität auf den Alterungsprozess. Dazu unterteilten sie Bewohner*innen von Seniorenheimen in zwei Gruppen. Die eine Gruppe sollte Zimmerpflanzen pflegen. Dabei ging es nicht nur um stumpfes 2x pro Woche gießen. Es ging auch darum, den besten Platz für die Pflanzen zu finden und die optimale Pflege für die jeweilige Pflanze herauszufinden. Darüber hinaus wurde die Gruppe ermutigt, ihr Leben und ihre Umwelt zu gestalten. Beispielsweise sollten sie darüber entscheiden, wo sie ihren Besuch empfangen wollten und welche Filme sie sehen wollten. Der Kontrollgruppe wurde gesagt, sie bräuchte sich um nichts zu kümmern, das Personal würde alles für sie erledigen. 18 Monate später war die aktive Gruppe nicht nur vitaler, geistig fitter und gesünder, sogar die Sterblichkeitsrate war 50 % (!) niedriger als in der inaktiven Gruppe. Die Schlussfolgerung liegt auf der Hand: Wird das neurobiologische Bedürfnis nach Entfaltung und Gestaltung, der Drang nach Selbstwirksamkeit nicht befriedigt, hat dies dramatische Auswirkungen auf unsere Gesundheit. Und wer einigermaßen pfiffig ist und schnell 1 und 1 zusammenzählt, kann sich vorstellen, dass in den meisten modernen Jobs genau das vollkommen zu kurz kommt. Welche Büroangestellten dürfen denn tatsächlich mitgestalten? Häufig dürfen sie nicht einmal die Büropflanzen aussuchen, geschweige denn gießen! Das macht nämlich die dafür zuständige Abteilung bzw. gesondert beauftragte Unternehmen … Wer einen hohen Krankenstand in seinem Unternehmen beklagt, sollte sich im ersten Schritt einmal fragen, wie viel Mitgestaltungsmöglichkeiten seine Mitarbeiter tatsächlich haben … Dabei muss gar nicht das ganz große Rad gedreht werden. Wenn wir uns an der wissenschaftlichen Studie orientieren, dann reichen schon so einfach Dinge wie die Blumenpflege (vgl. Abb. 5.1). Wer noch

Abb. 5.1 Kreativität lässt Mitarbeit aufblühen

einen Schritt weiter gehen will, stellt ein Budget für Grünpflanzen bereit und lässt die Mitarbeitenden ihr Grünzeug selbst wählen. Welche Bilder hängen an den Wänden? Gibt es regelmäßige Ideenrunden, die das direkte Arbeiten betreffen? Werden Vorschläge und Anregungen auch umgesetzt? Denn mit dem Hören von Ideen hört es in vielen Firmen leider schon auf. Dort wird dann behauptet, dass solche Ideenrunden nichts brächten. Ja, klar: Es ist ja auch maximal frustrierend, wenn ich meine Ideen immer wieder einbringe und nix passiert. Dann höre ich doch irgendwann auf im Ideen-Theater mitzuspielen. Ergo: Ideen müssen auch immer wieder umgesetzt werden, sonst spielt am Ende niemand mehr mit.

5.3 Die eigene Kreativität definieren

Bevor wir aber anfangen, uns um die Kreativität von Anderen Gedanken zu machen, ist die Frage: Wie ist es denn um unsere eigene Kreativität bestellt? Kennen wir unsere eigenen Bedürfnisse nach Entfaltung und Gestaltung?

Um herauszufinden, auf welchen Gebieten wir kreativ sind, müssen wir zunächst das typische Bild von kreativen Künstler*innen aus unseren Köpfen streichen. Denn unbewusst gleichen wir uns ständig damit ab und denken, dass wir nicht so sind. Fälschlicherweise ziehen wir vorsichtshalber auch gleich den Schluss, dass wir somit auch nicht kreativ sind. Aber das stimmt nicht. Wir sind anders kreativ! Die folgenden Fragen helfen dabei herauszufinden, auf welchem Gebiet die eigene Kreativität liegt.

1. Welche Tätigkeiten machen mir richtig Freude?
2. In welche Tätigkeiten kann ich mich versenken und fange früher oder später an zu tüffteln?
3. Für welche Ideen und Tätigkeiten werde ich von anderen gelobt bzw. bewundert?

Wichtig ist, hier nicht sofort aufzugeben, oder sich mit oberflächlichen Antworten zufrieden zu geben. Mein Mann würde sich nicht zwingend als kreativ bezeichnen. Dabei ist er einer der kreativsten Menschen, die ich kenne. Er hat sich ein ziemlich ausgefeiltes Mountainbike selbst gebaut, sich beigebracht, wie man alte VW Bullis repariert und restauriert und aktuell baut er aus einem alten Feuerwehr LKW ein Expeditionsmobil mit allem Zipp und Zapp. All das hat er sich selbst beigebracht und die Entwürfe für das Expeditionsmobil sind alle ausschließlich von ihm. Von der Elektrik über die Wasserversorgung bis hin zur Kücheneinrichtung .... Aber für kreativ hält er sich nicht ... Würde er die oben genannten Fragen durchgehen, würde er ggf. darauf kommen, in welchen Bereichen seine Kreativität liegt.

Aber warum ist es so wichtig, der eigenen Kreativität auf den Grund zu gehen? Weil wir, dass, was wir selbst an uns erleben in anderen viel leichter entdecken können. Und wenn wir erkennen, dass Kreativität in unterschiedlichen Formen und auf unterschiedlichen Gebieten daher kommt, es nochmal leichter haben. Denn wenn wir wirklich Menschen führen wollen, bedeutet das, ihre Kreativität zu sehen, sie ohne Wertung anzuerkennen und immer wenn möglich zu fördern. Das funktioniert aber nur, wenn wir unsere eigene Kreativität sehen, schätzen und uns unser eigenes Bedürfnis nach Entfaltung und Gestaltung nicht versagen. Alles, was wir in uns selbst ignorieren, ignorieren wir ganz schnell auch bei anderen. Darum: Beschäftige Dich mit Deiner Kreativität.

5.4 Kreativität in anderen entdecken und wecken

Kreativität können wir in anderen nur entdecken und wecken, wenn wir unsere eigene Kreativität entdeckt haben und diese auch wertschätzen. Davon bin ich überzeugt. Wie soll man bei anderen einen Funken entzünden, wenn bei einem selbst noch nie das Licht an war?

Natürlich können wir, auch wenn wir die eigene Kreativität noch nicht aus ihrem Dornröschenschlaf erweckt haben, kreative Leistungen anderer Menschen bewundern. Damit hat es sich dann aber auch schon. Wir bewundern Musiker*innen, Schauspieler*innen und andere künstlerisch tätige Menschen. Bewunderung hat aber nichts oder nur sehr wenig mit

Führung zu tun. Bewunderung erschafft im Grunde nichts. Okay, sie gibt sicher den Bewunderten ein gutes Gefühl und narzisstische Persönlichkeiten kommen nicht ohne aus, aber wie bereits gesagt: Es führt zu nichts. Oder sagen wir so: Es ist zumindest schwierig, aus Bewunderung heraus zu konstruktivem Arbeiten und Erschaffen zu gelangen. Konstruktives Arbeiten ist ein Austausch, während Bewunderung eine ziemlich einseitige Angelegenheit ist. Nichts gegen Bewunderung. (Ich bewundere auch einige Menschen. Aber in der Regel arbeite ich nicht mit ihnen zusammen;)

Zurück zum Thema: Kreativität in anderen entdecken und wecken. Eigentlich ist es ganz einfach. Wer seine Kolleg*innen und Mitarbeiter*innen beobachtet, wird schnell erkennen, worin diese Menschen gut sind. Der Weg zur Kreativität ist dann nicht weit. Wir erinnern uns: Kreativität schöpft aus dem, was schon da ist. Und je mehr da ist, umso einfacher wird das Schöpfen. Da wir Menschen in der Regel die Dinge, die wir besonders gut können, wiederholen und ausbauen, ist von diesen Dingen, Eigenschaften und Fähigkeiten automatisch sehr viel vorhanden.

Ein weiterer Aspekt kommt hinzu: Unsere Mitarbeitenden sind Expert*innen auf ihrem Fachgebiet, denn sie beschäftigen sich 24/7 damit. Wir nicht. Damit sind sie uns, allein schon von ihren „Übungsstunden" her, uns haushoch überlegen und in der Lage, Kreativität in diesem Bereich zu entwickeln. Das geschieht aber leider nur in den wenigsten Fällen, weil die meisten Vorgesetzten ihre Mitarbeitenden entweder gar nicht erst fragen oder die Vorschläge, die kommen, nie umsetzen. Damit bringen sie ihren Mitarbeitenden sehr schnell bei, dass ihre Meinung nicht gefragt ist. Am Ende sind sie dann erstaunt, wenn auf ihre Fragen nach Vorschlägen keine Antworten mehr kommen. Es tritt erlernte Hilflosigkeit ein.

Erlernte Hilflosigkeit wurde durch die Forschungen des Psychologen Martin Seligmann bekannt und wird als einer von vielen Faktoren für Depressionen und Burnout diskutiert. Seligmann erforschte das Phänomen an Hunden, denen er leichte, aber unangenehme Stromschläge verpasste. Die eine Gruppe der Hunde hatte zuvor gelernt, dass sie aktiv den Stromschlägen entgehen konnte. Die andere Gruppe lernte am Anfang, dass ihr Verhalten nichts ändert. Nun wurden beide Gruppen wieder leichten Stromschlägen ausgesetzt, hatten aber die Möglichkeit in einen anderen Käfig zu hüpfen und so den Schlägen zu entgehen. Die Gruppe, die zuvor schon zum Erfolg gekommen war, hüpfte ziemlich zügig in den anderen Käfig. Die Gruppe, die gelernt hatte, dass ihre Aktionen nichts ändern, versuchte es gar nicht erst und hielt die unangenehme Prozedur einfach aus (Kleinschmitt et al., 2007).

Natürlich sind wir keine Hunde und als Vorgesetzte verteilen wir auch keine Stromstöße ... Das steht außer Frage. Aber wir sind ziemlich nah dran. Denn wie oft machen wir selbst einen Versuch uns einzubringen, wenn wir uns vorher schon unzählige Male die Nase gestoßen haben? Irgendwann hören wir auf. Das ist auch völlig normal. Umgekehrt wäre es ein verstörendes Zeichen, wenn wir nicht lernen würden, ob eine Anstrengung etwas bringt oder nicht. Wir laufen ja auch nicht immer wieder gegen eine verschlossene Tür, obwohl wir schon lange wissen, dass sie verschlossen ist. Was aber viel alarmierender an Seligmanns Experimenten ist, ist, dass Hilflosigkeit erlernt wird. Auch bei Menschen. Wir geben nicht nur auf, wir versuchen es auch dann nicht wieder, wenn die Tür auf einmal auf steht. Darum ist es so wichtig, nicht nur Kreativität, sondern alle Formen der Eigeninitiative nicht zu verschütten.

Literatur

Was ist Kreativität? Eine Definition

Haase, J. Übung allein macht leider doch keinen Meister, 27. Juli 2020, Welt Online. https://www.welt.de/kmpkt/article198979725/Talent-vs-Fleiss-Uebung-allein-macht-leider-doch-keinen-Meister.html. Zugegriffen am 02.02.2023.

Holm-Hadulla, R. M. (2007). *Kreativität – Konzept und Lebensstil*. Vandenhoeck & Ruprecht.

Uhrig, S. Die Kunst, der guten Idee: Was ist Kreativität?, 1. Februar 2020, Quarks Online. https://www.quarks.de/gesellschaft/psychologie/kreativitaet-mehr-als-nur-kunst/. Zugegriffen am 02.02.2023.

Warum Kreativität so wichtig ist

Langer, E. (1976). The effects of choice and enhanced personal responsibility for the aged: A field experiment in an institutional setting. *Journal of Personality and Social Psychology.* https://www.researchgate.net/publication/22144050_The_effects_of_choice_and_enhanced_personal_responsibility_for_the_aged_A_field_experiment_in_an_institutional_setting. Zugegriffen am 02.02.2023.

Kreativität in anderen entdecken und wecken

Kleinschmitt, K., Lößner, M., Prezenski, S., & Winkler, S. (2007). Klassische Experimente in der Psychologie: Erlernte Hilflosigkeit – Martin Seligmann, Freie Universität Berlin. https://www.ewi-psy.fu-berlin.de/einrichtungen/arbeitsbereiche/allgpsy/media/media_lehre/Lernen_und_Ged__chtn__s/seminar_12.pdf. Zugegriffen im 06.2022.

6

Weiterentwicklung

6.1 Was ist Weiterentwicklung? Eine Definition

Wenn wir von „Weiterentwicklung" sprechen, dann ist es sinnvoll, sich einmal über den Begriff an sich Gedanken zu machen. In unserem Fall sprechen wir von Weiterentwicklung von Personen bzw. Persönlichkeiten. Oder anders, wir sprechen von „sich weiterentwickeln". Der Unterschied zur Weiterentwicklung von Dingen oder Produkten ist einfach: Gegen unseren Willen geht das nicht. Wer sich nicht weiterentwickeln will, wird dies auch nicht tun. Das Paradoxe daran ist, dass wir es trotzdem tun. Unser Geist ist auf Anpassung und Weiterentwicklung ausgerichtet. Wäre er das nicht, dann hätten Menschen, die in der Pre-Smartphone Zeit geboren wurden, keine Chance mehr am Leben teilzunehmen. Teilweise können wir das bei älteren Menschen beobachten, die sich weigern mit den neumodischen Entwicklungen Schritt zu halten. Und trotzdem entwickeln sie Strategien, wie es doch ohne das Smartphone geht.

Diese Form der Weiterentwicklung ist nicht erst durch das Smartphone entstanden. Wenn man sich überlegt, wie selbstverständlich heute das Auto fahren ist und wie besonders es noch um 1900 war, dann wird schnell klar, wie anpassungsfähig Menschen sind. Wer den Straßenverkehr von 1950 gewöhnt war, muss theoretisch heute einen Herzinfarkt kriegen, wenn er/sie über die Straße gehen will. Ist aber nicht der Fall. Wir passen uns an. Anpassen bedeutet nichts anderes als sich weiterentwickeln.

In diesem Kontext ist „sich anpassen" aber nur der erste Schritt. Wir wollen einen Schritt weiter gehen und, wenn es besonders gut läuft Entwicklungen vorgreifen. Aber grundsätzlich geht es uns darum, uns optimal in unser Umfeld zu integrieren und es aus sich heraus zu verbessern. Das gelingt nur, wenn wir bereit sind, bewusst zu lernen.

Das ist der fundamentale Unterschied zur einfachen Anpassungsfähigkeit. Anpassung läuft unbewusst unter dem Radar ab. Manchen gelingt es spielend, andere müssen sich etwas anstrengen und sind vielleicht etwas motzig. Aber sich weiterentwickeln, Zusammenhänge verstehen zu wollen, dass ist eine höhere Form des Lernens. Es geschieht bewusst. Dazu ist vor allem eines von Nöten: Sich darüber klar zu werden, dass man noch nicht da ist, wo man sein könnte.

In diesem Moment setzen wieder verschiedene Mechanismen ein. Zum einen die Frage, ob man denn nicht langsam/schon gut genug sei. Und zum anderen die Frage danach, ob sich die zu erwartende Anstrengung, die mit der Weiterentwicklung einhergeht, überhaupt lohnt. Das klingt banal, ist es aber nicht. Denn auch in diesem Kontext hat unser Hirn kein Interesse daran Energie zu verschwenden. Vor allem dann nicht, wenn es auch im Energiesparmodus funktionieren würde … Ein Konflikt, den jede Verhaltensänderung mit sich bringt.

Moment? Ist Weiterentwicklung auch gleich Verhaltensänderung? Über kurz oder lang, ja. Denn wer sich wirklich weiterentwickeln will, muss auch irgendwann andere Dinge tun und lassen. Sonst bleibt ja alles, wie es war. Wissen ist nur der Trostpreis. Erst das Tun bringt die Veränderung.

6.2 Warum Weiterentwicklung so wichtig ist

Wer sich nicht weiterentwickelt, bleibt nicht stehen, sondern entwickelt sich früher oder später rückwärts ... Oder Neudeutsch: Use it or Loose it.
Noch vor ein paar Jahrzehnten war es gängige Meinung, dass Hans nicht mehr lernt, was Hänschen nicht lernte. Das ist falsch. Unser Gehirn ist mit lebenslanger Lernfähigkeit gesegnet. Das Stichwort der Neuronale Plastizität ist hier ausschlaggebend. Es besagt, dass die Schaltkreise in unserem Gehirn nicht fest verschaltet sind wie bei einem Computer, sondern sich immer wieder neu bilden. Aus diesem Grund sind wir auch immer wieder in der Lage neue Dinge zu lernen. Außerdem ist Neuronale Plastizität für unsere Erinnerungen zuständig (Kapfhammer, 2000). Jetzt könnte man anmerken, dass unsere Lernfähigkeit mit dem Alter sinkt, das stimmt in dieser Form nicht. Nur wenn man mit dem Lernen aufhört, dann sinkt auch die Fähigkeit. Das Gehirn bleibt aber rege, wenn man es benutzt. Dass wir trotzdem nicht mehr so gut eine neue Sportart oder ein neues Instrument lernen, liegt vermutlich eher an den nachlassenden motorischen Fähigkeiten. Auch wenn wir das Gefühl haben, dass die geistigen Merkfähigkeiten nachlassen, stimmt dies nicht so ganz. Unsere Bereitschaft, sich in eine Sache hineinzufuchsen, sinkt. Das ist etwas anderes.
Vor ein paar Jahren habe ich dazu auf einem VW-Bus-Treffen eine sehr interessante Beobachtung machen können. Dort gab es einen Stand mit Longboards und sowohl ein paar Erwachsene aus unserer Gruppe und drei Kinder kauften sich so ein Board. Während die Erwachsenen einmal pro Tag für maximal 20 Minuten auf ihren Boards standen, standen die Kinder mindestens einen halben Tag auf den Dingern. Ein Junge verbrachte fast den ganzen Tag auf seinem Board. Er kaufte sich eine Dauerkarte für die aufgebaute Skateboardbahn und fuhr so lange, bis er die Bahn nach vier Tagen in einem wahnwitzigen Tempo meisterte. Natürlich wurde dann gesagt, dass er ja auch sehr sportlich wäre und naja, die Jugend eben ... Leider hat keiner der Erwachsenen auch nur annähernd so viel Zeit investiert, aber ich bin mir ziemlich sicher, dass vielleicht nicht das wahnwitzige Tempo, aber zumindest ein passables Meistern der

Bahn dabei herausgekommen wäre. Was ich damit sagen will: Wir könnten, wenn wir nur wirklich wollten. Das Fatale ist, wenn wir zu wenig wollen, können wir irgendwann tatsächlich nicht mehr. Dabei geht es nicht nur um unsere körperlichen Fähigkeiten. Der Alterungsprozess macht auch vor unserem Gehirn nicht halt, aber wenn wir unsere geistigen Fähigkeiten nicht ständig auf Trab halten, dann lassen sie viel schneller nach und wir verschenken sie an Denkfaulheit (vgl. Abb. 6.1).

Abgesehen davon, das Leben immer Veränderung bedeutet, ist es unserer geistigen Gesundheit absolut förderlich, sich immer wieder in neue Dinge hineinzudenken. Neue Computerprogramme, neue Fitness-

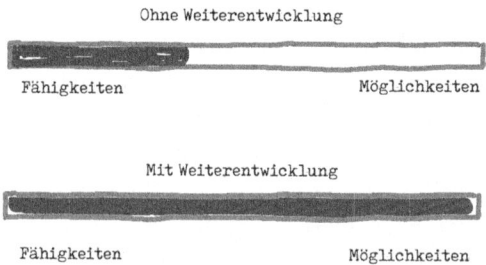

Abb. 6.1 Weiterentwicklung

bewegungen oder die politische Weltlage: Alles, was es neu zu entdecken gibt, ist grundsätzlich spannend. Natürlich müssen wir nicht jedem neuen Trend hinterherrennen. Aber sich regelmäßig einer neuen Aufgabe zu widmen, hält unsere grauen Zellen rege. Beispielsweise ist es überaus zuträglich einmal im Jahr ein Buch aus einem Bereich zu lesen, für den man sich normalerweise nicht interessiert. Dabei muss es nicht zwingend ein kompliziertes Sachbuch sein. Wer sich nicht für Fantasy Geschichten interessiert, kann beispielsweise zu so einem Buch greifen. Oder wie wäre es mit einer Biografie einer Persönlichkeit, die man normalerweise nicht lesen würde. Selbst wenn es am Ende nicht sooo toll war, so hat man doch eine Tür im Oberstübchen geöffnet und einfach mal in eine andere Richtung gedacht. Sich für etwas zu öffnen, fällt uns leichter, wenn wir es regelmäßig tun.

6.3 Sich selbst bewusst weiterentwickeln

Weiterentwicklung braucht bewusst sein. Wir müssen uns darüber bewusst sein, dass Weiterentwicklung, also lernen, immer Alter schwerer wird. Nicht weil unser Gehirn nicht kann, sondern viel mehr, weil es nicht will.

Unser Gehirn ist ein Energiesparender. Wie bereits erwähnt, denken wir laut Daniel Kahnemann (2012) in zwei Systemen. In einem langsamen, energieintensiven und in einem schnellen, gewohnheitsorientierten, energiesparenden System. Da Weiterentwicklung aber zunächst im langsamen, energieintensiven System vonstattengeht, ist sie anstrengend und fühlt sich nicht immer erstrebenswert an. Ein gutes Beispiel ist der Wunsch, sich besser zu ernähren und mehr Sport zu machen. Im Grunde eine Weiterentwicklung unserer üblichen Gewohnheiten. Wer schon mal versucht hat, diese Gewohnheiten zu ändern bzw. weiterzuentwickeln weiß: So einfach ist das nicht. Aber wenn man ein tolles, attraktives Ziel vor Augen hat, dann klappt es. Vielleicht nicht wie von selbst, aber die Motivation ist hoch genug, die anfänglichen Anstrengungen zu überwinden.

Gehen wir mal davon aus, das Motivation eigentlich etwas ganz einfaches ist: Motiv + Emotion = Motivation ... Dann wird schnell deutlich, dass Veränderung bzw. Weiterentwicklung umso leichter wird, je stärker das Motiv und die damit verbundene Emotion sind. Das ist vermutlich auch der Grund, warum viele Menschen nach einem gesundheitlichen Schicksalsschlag in der Lage sind, Ess-, Trink- und Sportgewohnheiten zu verändern. Das Motiv länger leben zu wollen, ist fast unschlagbar. Und wenn die Emotion, die Angst vor dem Tod groß genug ist, dann ist die Motivation ziemlich hoch. Daran können wir auch erkennen, dass Motiv und Emotion nicht zwingend positiv bzw. beide positiv sein müssen. Angst kann und ist eine große Emotion und sehr hilfreich. Aber nur, wenn sie zu einem positiven Ergebnis führt. Wenn Angst zu neuer Angst führt, beispielsweise die Angst vor dem Jobverlust, die nicht aufhört, dann ist es wahrscheinlicher, dass diese Angst lähmt und/oder krank macht.

Zurück zu unserem Energiesparfuchs-Gehirn: Wenn wir Dinge, Gewohnheiten – zu denen übrigens auch Denkgewohnheiten zählen – ändern wollen, dann brauchen wir dazu nicht nur einen guten Grund, sondern auch eine starke Emotion. Meiner Ansicht nach ist das der Grund, warum viele mit ihrem großen „Warum" scheitern. Oft ist dieses „Warum" ein rationales Konstrukt. Warum mache ich etwas? Warum will ich etwas? Was ist mein Antrieb, mein Warum? Das sind zunächst einmal sehr gute und berechtigte Fragen und ein guter Anfang. Erfahrungsgemäß kommen dabei zunächst einmal gesellschaftlich konforme Antworten heraus. Sprich: Ich will Menschen helfen. Ich will die Welt besser machen etc. pp. Das sind auch alles sehr bewundernswerte Motive, aber oft fehlt das Gefühl dabei. Abgesehen davon, dass man sich selbst gut fühlt, wenn man solche Dinge sagt, denn sie ernten Zuspruch. Aber reicht das schon aus? Singt Dein Herz wirklich dabei, wenn Du das als Grund angibst? Hast Du Schmetterlinge im Bauch, wenn Du Dich inmitten Deines Zieles siehst? Bitte nicht falsch verstehen, mein Herz singt auch, wenn ich mir das ideale Miteinander vorstelle, aber ich habe eben auch sofort Zweifel, ob dieses riesige Ziel zu erreichen ist. Damit wird die Emotion durch den Zweifel verkleinert und die Chance, die Motivation hoch zu halten, sinkt.

Darum meine Frage: Warum willst Du Dich weiterentwickeln? Was gibt Dir das? Warum machst Du das? Und vor allem: Wie wirst Du Dich fühlen, wenn Du das Ziel erreicht hast?

Es ist nichts Verwerfliches daran, klüger, eloquenter und schlagfertiger sein zu wollen. Mal ganz abgesehen davon, dass wir, je besser wir uns und andere verstehen auch sympathischer werden. Beispielsweise habe ich festgestellt, dass ich, nachdem ich mich über ein Jahr mit dem Zuhören (vgl. Das Geheimnis richtigen Zuhörens. Wie Sie erfolgreicher und besser kommunizieren) beschäftigt habe, selbst eine viel bessere Zuhörerin wurde. Der Nebeneffekt: Ich wurde beliebter. Menschen fanden mich plötzlich sympathischer und fremde Menschen begegneten mir freundlicher. Das ging sogar so weit, dass eine Dame nach einem Gespräch überschwänglich lobte, wie nett ich doch sei, obwohl ich in dem Gespräch maximal fünf Sätze von mir gegeben habe. Das war bemerkenswert und lustig zugleich. Alles nur, weil ich mich im Bereich des Zuhörens weiterentwickelt hatte.

Wenn Du in diesem Punkt für Dich weiter forschen möchtest, dann empfehle ich Dir, die Übung: Wie entsteht mein Selbstwertgefühl aus dem Kapitel „Wertschätzung und Anerkennung" zu machen. Sie passt an dieser Stelle besonders gut, wenn wir unser „Warum" einmal ehrlich erforschen wollen. Denn unser „Warum" ist untrennbar mit unserem Selbstwert und dessen Erhaltung bzw. Erhöhung verknüpft.

6.4 Andere bewusst weiterentwickeln

Wir tun, was wir tun, für Anerkennung, Wertschätzung, Gruppenzugehörigkeit und für unsere Selbstwerterhaltung. Soweit so gut und eigentlich auch nichts Neues. Erstaunlich, dass wir dieses Wissen so selten nutzen, wenn es darum geht, Mitarbeitende bewusst weiterzuentwickeln. Achtung, jetzt kommt eine unbequeme These: Das gelingt uns nur selten, weil wir selten in der Lage sind, auf andere Menschen wirklich einzugehen …

Das klingt härter als es ist. Wir können im ersten Moment ja nur aus unserem eigenen Erfahrungsschatz schöpfen, um auf andere Menschen einzugehen. Eine andere Grundlage haben wir ja nicht. Logisch, oder? Das Problem: Unser Erfahrungsschatz und die Schlüsse, die wir daraus ziehen, passen auf uns, aber selten auf andere …

Beispielsweise verstehen viele High-Performer*innen nicht, warum manche Kolleg*innen Veränderungen scheuen. Häufig werden diese Kolleg*innen dann, zumindest hinter vorgehaltener Hand, abgekanzelt. Klar, aus der eigenen Perspektive sieht es so aus, als würden die sich nicht trauen, seien ewig gestrig oder sogar faul … Was, wenn sie einfach nur vorsichtiger sind? Was, wenn sie introvertiert sind und nicht sofort Begeisterung zeigen können? Was, wenn sie Angst haben nicht mehr mitzukommen? Was, wenn sie schlechte Erfahrungen gemacht haben? Was, wenn sie Recht haben und die Veränderungsidee nicht richtig durchdacht ist? Soweit denken die wenigsten, die auf den Veränderungszug mit Begeisterung springen. Begeisterung ist toll und hilfreich. Macht aber auch blind für alles, was außerhalb der Drei-Meilen-Begeisterungszone liegt.

Ein weiteres Beispiel ist der Verlust von Privilegien. Wenn wir selbst nicht betroffen sind, sind wir in der Regel schnell bei der Hand mit flotten Sprüchen, dass man sich doch bitte nicht so anstellen sollte und die Vorteile am Ende ja wohl überwiegen. Das mag sein. Geht ja auch nicht um unsere Privilegien.

Das sind übrigens alles Beispiele meines eigenen Verhaltens und Denkens als aufstrebende Führungskraft. Ich war ein High-Performance-Bulldozer und habe alles nieder gemäht, was bei Drei nicht mitgemacht oder die Flucht ergriffen hatte. Das war nicht meine rühmlichste Zeit. Aber ich habe sehr viel auf sehr harte Art und Weise gelernt. Menschen sind Individualisten und wollen auch so behandelt werden. Es gibt nicht die eine Zauberformel, die aus allen Mitarbeitenden hocheffiziente High-Performer*innen macht. Alle, die etwas anderes behaupten, haben entweder noch nie geführt oder haben sehr viel Porzellan zerbrochen.

Wer Menschen bewusst weiterentwickeln will, kann das nicht gegen ihren Willen tun. Pferde kann man zwar zum Wasser führen, zum Trinken zwingen, kann man sie nicht. Bei Menschen ist es noch extremer. Wir können sie oft nicht mal zum Wasser führen. Im übertragenden Sinne selbstverständlich. Was aber tun?

Zuhören! Und zwar ernsthaft. Worum geht es meinen Mitarbeitenden? Wie ticken sie? Was ist ihnen wichtig? Wovor haben sie Angst? Was bewegt sie? Was sind ihre Stärken? Was macht ihnen Freude? Wo liegen ihre Interessen? Die Schwächen kennen wir. Da mäkeln wir ja auch gern dran rum. Aber was sind die ganzen positiven Aspekte der jeweiligen Persönlichkeit? Es ist nämlich viel einfacher diese Aspekte auszubauen und zu fördern, als an den negativen herumzudoktern. Erstens sind die Verbesserungsaussichten sehr gering und zweitens macht es den Menschen keine Freude. Oder arbeitest Du gern an den Dingen, die Du angeblich nicht kannst?

Natürlich beinhaltet Weiterentwicklung auch die Verbesserung auf den Gebieten, auf denen wir nicht so gut sind. Dafür müssen wir aber zunächst ein Bedürfnis bzw. ein Verständnis entwickeln. Dieser Schritt wird bei der Entwicklung von Mitarbeitenden leider sehr oft übersprungen. Dann steht die Hürde „Warum? Bin ich denn nicht gut genug bzw. gut so wie ich bin?" im Raum. Darauf mit „Nein" oder oberflächlich weniger hart mit „Naja" zu antworten, ist eine Elefantenpolka in der Fabergé-Abteilung … Die Antwort „Noch besser zu werden" ist genauso fadenscheinig. Klüger wäre als erstes Entwicklungsmaßnahmen anzubieten, auf die die Mitarbeitenden auch Lust haben. Das heißt zum einen zuhören und fragen. Und zum anderen mehr als genug Raum dafür zu schaffen. Weiterbildungsmaßnahmen, die wir zeitlich gestressten Menschen angedeihen lassen, sind keine Freude, sondern eine Last. Auch das gilt es zu bedenken.

Noch ein kurzer Hinweis am Schluss: Aus Erfahrung weiß ich, dass Führungskräfte gern an den Low-Performer*innen herum entwickeln. Ich halte das für keine gute Idee, denn das ist aus meiner Sicht vergebliche Liebesmüh. Meine Empfehlung ist, die High-Performer*innen immer wieder zu bestätigen und den Mittelbau, die 100 % Leistenden weiter zu entwickeln. Die Chance, das aus diesem Segment unschätzbare Ideen und neue High-Performer*innen kommen, ist um ein vielfaches höher, als die Chance aus Minderleister*innen mehr Leistung herauszubekommen. Das klingt hochgradig unfair. Ist es auch. Denn in der Regel vergessen bzw. schätzen wir die Menschen, die eine ordentliche Leistung erbringen, die aber nicht herausstechen, viel zu gering. Diese Menschen sind es aber, die dafür sorgen, dass unser Laden läuft. Das vergessen wir leider allzu häufig.

Literatur

Warum Weiterentwicklung so wichtig ist

Kapfhammer, J. P. (2000). Lexikon der Neurowissenschaften – Plastizität im Nervensystem, Spektrum Online. https://www.spektrum.de/lexikon/neurowissenschaft/plastizitaet-im-nervensystem/9979. Zugegriffen im 06.2022.

Sich selbst bewusst weiterentwickeln

Kahnemann, D. (26. Edition 2012). Schnelles Denken – Langsames Denken. Siedler Verlag München.

7

Verletzlichkeit

7.1 Was ist Verletzlichkeit? Eine Definition

Sensibilität und Verletzlichkeit sind nicht das Gleiche. Auch wenn es auf den ersten Blick so scheinen mag. Es gibt durchaus Menschen, die wenig mit bis gar keine Sensibilität aufbringen und doch maximal verletzlich sind. Wer jetzt an einen bestimmten Präsidenten aus den USA denkt, liegt gar nicht so verkehrt. Aber diese, egozentrierte Verletzlichkeit ist hier nicht gemeint. Hier sprechen wir von der Verletzlichkeit, die jeder Mensch von sich aus mitbringt. Denn jeder Mensch ist verletzlich. Eigentlich ein ganz normaler Umstand, aber wenn man den Gedanken einmal in Ruhe wirken lässt, doch ungewöhnlich. Wenn wir einmal alle Menschen durchgehen, die wir kennen und uns klar machen, dass alle verletzlich sind und verbale, seelische Verletzung ähnlich stark empfinden, ist das zwar logisch, aber doch ein ungewöhnlicher Gedanke.

Es ist noch gar nicht so lange her, da habe ich mich mit meinem über 80 Jahre alten Vater über seelische Verletzungen unterhalten. Zum ersten Mal hat er mir von seinen Narben erzählt. Das war für mich überraschend und vertraut zur gleichen Zeit. Natürlich war mir klar, dass er als Kriegskind, welches von seiner verwitweten Mutter ohne nennenswerte finanzielle Mittel großgezogen wurde, viele seelische Entbehrungen zu tragen hatte. Aber er hat es so nie gezeigt und wir haben nie darüber gesprochen. Bei diesem Gespräch wurde mir erst richtig bewusst, dass er ja auch verletzlich ist und auf einmal habe ich viele Dinge verstanden. Ein Umstand, über den ich lange nachgedacht habe. Nicht nur im familiären Sinne, sondern auch im allgemeinen Umgang miteinander.

Was hat das mit Führung zu tun? Auch wenn sich die Einstellung von Führungskräften immer mehr ändert, so herrscht doch in vielen Organisationen noch ein sehr preußisch-militärisches Verständnis von Führung. Schwäche zu zeigen, ist sehr oft ein absolutes No-Go. Von Verletzlichkeit ganz zu schweigen. Aber Verletzlichkeit macht uns nahbar und menschlich. Daher ist die Forderung nach nahbarer menschlicher Führung, die oft in den gleichen Organisationen von Führungskräften gefordert wird, eine unumsetzbare Anforderung. Nahbarkeit ohne Verletzlichkeit ist wie Meer ohne Wasser.

Vor dem Hintergrund einer über Jahre hinweg gelernten preußischen Top-down-Führungskultur, in der Überlegenheit und Stärke zu den Tugenden einer Führungskraft zählten, ist die Forderung nach Nähe, Menschlichkeit und Verletzlichkeit eine fast verrückt anmutende Angelegenheit. Erfahrungsgemäß tun viele Führungskräfte dies einfach ab, unterhalten sich vielleicht ein wenig mehr privat mit ihren Mitarbeitenden und damit muss es aber auch gut sein. Verständlich, denn es herrscht die Meinung vor, dass wer sich verletzlich zeigt, auch schnell zu verletzen ist. Aber das ist ein Trugschluss. Zumindest, wenn man es mit geistig gesunden Menschen zu tun hat. Dies vorausgesetzt, können wir getrost davon ausgehen, dass Menschen nicht auf öffentlich gemachte Verletzungen drauf springen. Wer beispielsweise seine Schwächen zugibt, bietet keine Angriffsfläche, sondern nimmt sie raus.

Angenommen ich bin eine Führungskraft, die nicht gründlich ist bzw. manchmal zur Flüchtigkeit neigt. Wenn ich nicht versuche, diese Tatsache zu verbergen, sondern mit offenen Karten spiele, habe ich die Möglichkeit, mir von meinen Mitarbeitenden helfen zu lassen. Ich hole die Gründlichen ins Boot und bitte sie, bestimmte Arbeiten von mir zu reviewen. Das Ergebnis ist für alle positiv. Mir selbst unterlaufen weniger Flüchtigkeitsfehler. Meine Mitarbeitenden werden empowered und niemand kann mir hinten herum oder auch ganz offiziell vorwerfen nicht gründlich zu sein. Versuche ich aber diese Schwäche aus falsch verstandener Führungsstärke zu verbergen, wird es schwierig. Wenn man nicht so gründlich ist, kommt man da ohne Hilfe nur schwer alleine heraus. Es werden also immer wieder Flüchtigkeitsfehler auftreten, die auf unsere Arbeit zurück zu führen sind. Was aber tun, wenn man diese Schwäche nicht zugeben kann oder will? In der Regel wird es für alle Beteiligten unangenehm, denn anzunehmen, dass der Rest vom Schützenfest nicht weiß, wer die Fehlerquelle ist, ist unglaublich naiv. Selbstverständlich kennen unsere Mitarbeitenden unsere Stärken und Schwächen ebensogut wie wir die ihren. Anzunehmen, dass man ihnen etwas vormachen könnte, ist extrem weltfremd. Trotzdem geschieht so etwas täglich in Unternehmen weltweit und wird mit Macht und Realitätsverzerrung durchgedrückt. Die daraus resultierenden Ergebnisse sind mehr als fraglich. In Skandalen wie der VW-Dieselaffäre, Wirecard oder Cum Ex haben fehlerlose Führungskräfte ohne Schwächen sicher ihren Teil dazu beigetragen. Denn das Ergebnis solcher Führungskräfte sind häufig Mitarbeitende, die nur noch Befehle ausführen und darauf warten, dass nach ihnen die Sintflut einsetzt.

Also: Was ist Verletzlichkeit? Ganz einfach: Schwächen, Fehler und auch Gefühle zu zeigen und damit offen umzugehen. Das Risiko einzugehen, dass man selbst nicht so gut dastehen oder sogar verletzt werden könnte. Das zeugt von Vertrauen. Vertrauen in die menschlichen Fähigkeiten von Kolleg*innen und Mitarbeitenden. Vertrauen ist eben keine Einbahnstraße. Wer Vertrauen erwartet bzw. einfordert, muss auch selbst vertrauen.

7.2 Warum Verletzlichkeit so wichtig ist

Vertrauen ist keine Einbahnstraße … Soweit so gut. Drücken wir es anders aus: Wer Vertrauen erwartet, muss vertrauen.

Verletzlichkeit zu zeigen hat aber nicht nur etwas mit Vertrauen zu tun. Verletzlichkeit macht nahbar, sympathisch und menschlich. Man stelle sich einmal folgende Frage in einer Umfrage vor: Was zeichnet eine gute Führungskraft aus? Dass dabei in der Regel Attribute wie durchsetzungsstark, fair und gerecht rauskommen, dürfte niemanden überraschen. Man stelle sich zu der Frage aber noch eine Auswahl an Attributen vor, die nicht den gängigen Klischees entsprechen. Denn eines sollten wir bei unseren fröhlichen Abfragen keinesfalls vergessen: Auch Mitarbeitende antworten in Klischees und haben oft nicht die richtigen Worte parat, um auszudrücken, was sie von einer Führungskraft tatsächlich erwarten. Abgesehen davon dürfen sich die Umfrageinitiator*innnen auch einmal fragen, ob sie in ihren Umfragen Klischees reproduzieren wollen, oder ob sie wirklich etwas heraus finden wollen, was sie vorher noch nicht wussten.

Diese Punkt ist gar nicht so böse oder banal gemeint, wie er daher kommt. Denn es ist allzu häufig der Fall, dass wir durch Fragen – egal, ob auf unternehmerischer oder persönlicher Ebene – einfach nur unsere bereits vorhandenen Annahmen bestätigt wissen wollen. Oft ist es uns nur nicht zwingend bewusst. Daraus entstehen Personalbefragungen, die die Mannschaft so ernst nimmt wie eine merkwürdige Nachrichtenmeldung am ersten April. Die Lösung sind zum einen offene Fragen, aber auch Multiple-Choice-Fragen, die ohne Klischeereproduktionen auskommen. Zum einen müssen die Fragenden eine ganze Menge Hirnschmalz in ihrer vorgegebenen Antwort stecken und Outside-the-Box denken, wie man so schön neudeutsch sagt. Und zum anderen muss im Vorfeld deutlich werden, dass diese Befragung kein verspäteter Aprilscherz ist, sondern der Versuch, mit Hilfe der Befragten einen ernstzunehmenden Blick über den Tellerrand zu wagen. Das bedeutet, dass die Antworten ungewöhnlich konzipiert sein müssen. Darüber hinaus muss das Ganze hervorragend anmoderiert sein bzw. beschrieben sein, sodass sich niemand veräppelt fühlt und der Großteil der Teilnehmenden Lust auf die Aufgabe hat. Achtung: Es wird immer Menschen geben, die keine Lust haben, die Aufgabe nicht ernst nehmen oder sogar extrem herum meckern. So lange die Zahl 20–30 % nicht überschreitet, ist man auf der sicheren Seite. Man kann es einfach nicht allen Recht machen. Wichtig: Das sollte man auch nicht versuchen. Die Kunst ist allerdings, die Balance zwischen „auf die Menschen eingehen" und „Motzköpfe ignorieren" zu halten. Das ist alles andere als einfach.

Zurück zur Verletzlichkeit. Sich verletzlich zeigen, bedeutet im Bereich Führung vor allem Fehler zuzugeben und mit den eigenen Schwächen offen zu spielen. Das macht in diesem Bereich schon verletzlich.

Führung im Sinne des Natural-Leadership-Prinzips bedeutet nicht, Menschen Anweisungen zu erteilen und dafür zu sorgen, dass diese sie auch ausführen. Führung im Sinne des Natural-Leadership-Prinzips bedeutet mit gutem Beispiel voranzugehen. Zu zeigen, dass Fehler und Schwächen okay sind. Dass man mit ihnen nicht nur wunderbar leben kann, sondern auch hervorragende Leistungen erbringen kann. Das Sahnehäubchen ist dann, wenn sich Fehler auch noch als erfolgreiche Unternehmenserrungenschaften herausstellen. Viagra ist so ein Beispiel. Die blaue Pille wurde ursprünglich als Herzmedikament entwickelt, wirkte aber so gut wie gar nicht. Trotzdem waren viele Probanden von dem Medikament begeistert. Der Rest ist eine riesige Erfolgsgeschichte (Keller, 2013). Wäre es den Entwicklungsverantwortlichen peinlich gewesen, dass ihr Herzmedikament nicht wirkt und auch noch so stramme Nebenwirkungen hat, hätte der Pharmakonzern Pfizer heute wohl keinen weltweiten Umsatzschlager.

Jetzt kann man natürlich einwenden, dass das wenig mit Verletzlichkeit zu tun hat. Auf den ersten Blick nicht. Aber der Mut zur Verletzlichkeit ist auch immer der Mut zuzugeben, dass Dinge nicht so funktionieren, wie man es gern hätte. Im Viagra-Fall war das auch gar nicht ohne. Eine wahnsinnig hohe Summe Geld ist schon in das Herzmedikament geflossen, welches sich als absoluter Flopp herausstellte. Passiert das in anderen Bereichen und Branchen, entstehen ganz schnell Dieselaffären und Finanzskandale. Es hätte ja auch ausgehen können, wie in der VW-Dieselaffäre. Man hätte auch die Wirksamkeit als Herzmedikament schön reden können und so tun können, als ob es funktioniert ... Oder weiter in Richtung „Herzmedikament" forschen und den schönsten Nebeneffekt der Welt am Ende ignorieren. Es braucht eine sehr gesunde Fehlerkultur (hier steckt der Mut zur Verletzlichkeit drin), eine gute Kritikfähigkeit und im Fall von Viagra bestimmt auch eine gute Portion Humor.

Zusammenfassend kann man sagen, dass Verletzlichkeit die Basis einer gesunden Fehlerkultur und von Kritikfähigkeit ist. Beides sicherlich Begriffe, mit denen wir im Führungskontext mehr anfangen können, die aber für sich genommen wenig aussagen bzw. nicht erklären, was es denn braucht, um dort hinzugelangen. Der Begriff „Verletzlichkeit" kann diese Lücke sicher ein Stück weit schließen.

7.3 Verletzlichkeit bei sich selbst wagen

Sich verletzlich zu zeigen, bedeutet zum einen Fehler uneingeschränkt einzugestehen und zum anderen zuzugeben, dass es Dinge gibt, die einem Angst machen oder für die man sich sogar schämt. Gesellschaftlich hat Verletzlichkeit eher einen schlechten Ruf, da sie mit Schwäche gleichgesetzt wird. Das stimmt aber nicht. Schwäche ist, wenn man nicht zugeben kann oder will, dass man verletzlich ist. Paradox, oder? Wir alle kennen Menschen, die sich für unglaublich stark halten. Trotzdem wissen wir ganz genau, um ihre Schwächen und ihre Sollbruchstellen, die sie so emsig zu verstecken suchen. In den meisten Fällen ist es einfach nur offensichtlich. Aber es gibt einige Fälle, in denen das Ganze groteske Züge annimmt. Häme ist in solchen Fällen das Mittel der Wahl zu dem Personen greifen, um ihre eigene Verletzlichkeit mehr schlecht als Recht zu verbergen. Frei nach dem Motto „Angriff ist die beste Verteidigung" machen sie sich maximal unsympathisch. Darüber hinaus verhindert überspielte bzw. versteckte Verletzlichkeit die Eigenschaft, die heutzutage mit am häufigsten in Personen und vor allem Führungskräften gesucht wird: Authentizität. Wie kann ich authentisch sein, wenn ich einen Teil meiner Persönlichkeit zu verstecken suche?

Brene Brown, eine der führenden Forscherinnen zum Thema „Verletzlichkeit" sagt: „Verletzlichkeit ist der Schlüssel zu allem, von dem wir mehr wollen: Freude, Intimität, Liebe, das Gefühl von Zugehörigkeit, Vertrauen. Gleichzeitig sind wir nicht bereit, die Rüstung abzulegen und zu zeigen, wer wir wirklich sind, unsere Ängste und Träume, weil wir fürchten, man könne all das als Munition gegen uns verwenden." (Rödder, 2017). Im Gegensatz dazu suchen wir in Menschen aber als erstes ihre Verletzlichkeit. Vielleicht um eine Pari-Situation herzustellen. Erstaunlich, aber ausgerechnet das Salutieren, militärischer Gruß und Respektbezeugung, zeugt davon, wie wichtig und respektvoll es ist, sich verletzlich zu zeigen. Der militärische Gruß stammt aus der Ritterzeit, in der die Kämpfenden noch eine Vollrüstung aus Metall zum Schutz trugen. Die Helme waren mit Klappvisieren versehen, um nicht nur den Kopf, sondern auch die Augen maximal zu schützen. Bei Turnieren und teilweise auch vor und nach den Kämpfen wurde das Visier zum Gruß hochgeklappt. Dies galt als ein Zeichen höchsten Respektes, denn man vertraute dem Gegner bedingungslos, diese Verletzlichkeit in diesem Moment nicht auszunutzen. Salutieren ist immer noch genau diese Respektbezeugung (Wikipedia, 2022). Kein Wunder, dass Militärangehörige angefasst sind, wenn Zivilist*innen den Gruß lapidar oder gar mit einem Kaffeebecher in der anderen Hand im Vorbeigehen andeuten.

Aber zurück zur eigentlichen Bedeutung des Grußes, sich maximal verletzlich zu zeigen … Ausgerechnet in einem Bereich, in dem Schwäche im Grunde nichts zu suchen hat, ist Verletzlichkeit die höchste Form des Respekts … Wie merkwürdig mutet es da an, dass viele Manager*innen immer noch „Die Kunst des Krieges" oder irgendeine Schmonzette von Machiavelli für ihren Führungsstil heranziehen und ihren Mitarbeitenden die totale Perfektion vorgaukeln wollen. Wäre es nicht so real und würde es nicht so viele überflüssige Skandale mit sich bringen, es wäre der ideale Stoff für einen ziemlich witzigen Film.

Aber, was ist den Verletzlichkeit genau und wie kriege ich das selbst hin? Brené Brown, Bestsellerautorin und Professorin definiert Verletzlichkeit in einem Interview mit der SZ wie folgt: „Die wissenschaftliche Definition ist einfach: Bereitschaft zu Unsicherheit, Risiko und emotionaler Exposition." (Reichardt, 2018). Damit wäre ein Anfang, vielleicht einfach einmal zuzugeben, dass man etwas nicht weiß, wenn man gefragt wird (vgl. Abb. 7.1). Übrigens eine wahnsinnig befreiende Aussage. Einfach mal zu sagen: „Ich weiß es nicht." Wenn man sowas noch nie in voller Tiefe der Aussage praktiziert hat, kann man ganz entspannt zu Hause bei den Liebsten anfangen. Da sind im optimalen Fall keine hinderlichen Machtstrukturen im Spiel. Kinder und auch Schatzi stellen oft genug Fragen, auf die man beim besten Willen keine Antwort hat, sich aber irgendwie durchmogeln könnte. Man kann in diesen Situationen ganz bewusst das eigene Unwissen zugeben und beobachten, was passiert und was es mit einem selbst macht. Oft genug passieren dann so magische Dinge, dass man gemeinsam nach einer Antwort sucht oder man gemeinsam freudvoll spekulieren kann. Es entsteht ein Miteinander, wo vorher keines war. Das funktionier auch im beruflichen Kontext.

Natürlich kostet es oft genug Überwindung, sich verletzlich zu zeigen. Einfach, weil man sich schämt und Angst hat, wertlos und/oder dumm dazustehen. Dem liegt die Annahme zugrunde, dass wir die einzigen seien, die dumm und/oder wertlos sind. Der Witz ist, dass alle Menschen, Menschen mit narzisstischer Persönlichkeitsstörung ausgenommen, das

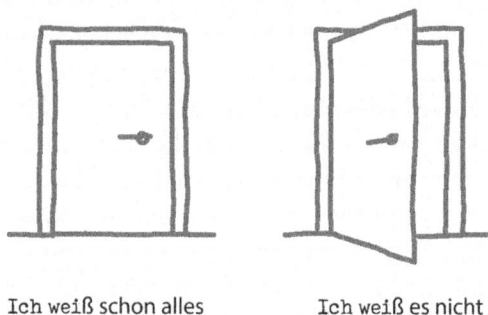

Abb. 7.1 Verletzlichkeit

denken. Übrigens, die Abwesenheit von Verletzlichkeit öffnet Narzissten die Türen in die Führungsetagen. Wer meint, dass man sich nicht verletzlich zeigen könnte oder sollte, weil dort so viele Narzissten unterwegs sind, befeuert das System weiter und sorgt dafür, dass Menschen in großen Organisationen weiterhin von Menschen mit pathologischen Auffälligkeiten terrorisiert werden. Das heißt natürlich auch nicht, dass man Psychopathen und ihren Verwandten im Geiste Waffen an die Hand geben sollte. Wie immer gilt es einen Weg zu finden, der einen selbst und die Organisation, in der man den Großteil seiner Lebenszeit verbringt, zu verbessern.

7.4 Verletzlichkeit bei anderen wertschätzen

Vielleicht ist es so, dass man sich selbst noch nicht verletzlich zeigen kann oder will. Dafür gibt es in der Regel viele sehr gute und nachvollziehbare Gründe. Dann ist die Frage, wie man diesen Aspekt trotzdem in den eigenen Führungsstil bzw. das eigene Verhalten integrieren kann. Eine sehr gute Möglichkeit ist, Verletzlichkeit bei anderen wertzuschätzen und aus der eigenen Position heraus zu schützen. Arbeiten und Job sind schließlich kein Kampf bzw. Krieg. Auch wenn viele, meiner Ansicht nach hoffnungslos veraltete Führungsbücher uns das weiß machen wollen. Natürlich sind viele Märkte hart umkämpft, dass bedeutet aber nicht, dass dieser Kampf in der eigenen Struktur auch wüten sollte. Im Gegenteil. Das ist Energieverschwendung, die am Ende bei der eigenen Innovationskraft fehlt.

Verletzlichkeit bei anderen wertschätzen, bedeutet übrigens nicht, eine Kindergartengruppe mit hypersensiblen Heulsusen heran zu züchten. Es bedeutet, die Menschen um einen herum so zu nehmen, wie sie sind und auf ihre Bedürfnisse Rücksicht zu nehmen. Auch hier bedeutet das nicht, dass allen einzeln das Bettchen gemacht und der Kaffee gekocht wird. Es bedeutet, eine Umgebung bzw. ein Umfeld zu schaffen, in dem sich die Mitarbeitenden wohl fühlen. Leider wird das oft genug mit Feelgoodmanager*innen versucht. Eine Strategie, die in vielen Unternehmen einen aufgesetzten Spaßfaktor in Unternehmen bringt, der nicht ernst genommen werden kann. Denn grundsätzlich ist es die Aufgabe von Führungskräften dafür zu sorgen, dass Mitarbeitende sich wohl fühlen. Kein Kicker und keine Pizza der Welt können Führungsdefizite ausgleichen.

Literatur

Warum Verletzlichkeit so wichtig ist

Keller, M. (2013, Juli 18). Professor Dr. med. Zufall, Zeit online. https://www.zeit.de/2013/30/entdeckungen-medizin-geschichte-zufall/seite-3. Zugegriffen im 06.2022.

Verletzlichkeit bei sich selbst wagen

Reichardt, L. (2018, November 15). Verletzlichkeit ist der Schlüssel zu allem, SZ Online. https://sz-magazin.sueddeutsche.de/wissen/verletzlichkeit-ist-der-schluessel-zu-allem-86367. September 2022

Rödder, T. (2017, März 23). Deine Verletzlichkeit ist der Schlüssel zum Glück. ze.tt. https://www.zeit.de/zett/2017-03/deine-verletzlichkeit-ist-der-schluessel-zu-allem-von-dem-du-mehr-willst. Zugegriffen im 02.2023.

Wikipedia. (2022). Militärischer Gruß. https://de.wikipedia.org/wiki/Militärischer_Gruß. Zugegriffen am 18.06.2022.

8

Fehlerkultur

8.1 Was verstehen wir unter Fehlerkultur? Eine Definition

Fehler mit Kultur … Oder die Kunst gute Fehler zu machen. Eines gleich vorweg: Natürlich bin ich nicht dafür, dass der Pilot der 737, in der ich gerade nach Amsterdam unterwegs bin, jeden Fehler der Welt machen sollte. Und natürlich bin ich nicht dafür, dass dem Herzchirurgen, der gerade meinen Vater operiert, ein fröhliches „Huch" entfährt. Gar keine Frage. Trotzdem haben diese Berufe in der Regel eine hervorragende Fehlerkultur. Beispielsweise entstammen die Checklisten der Piloten einer gesunden Fehlerkultur. Auch die ominöse Blackbox gehört zu einem System, in dem man auf jeden Fall aus Fehlern lernen will, um sie in Zukunft nicht wieder zu machen. Fehler werden, gerade in der Luftfahrt, von allen Seiten beleuchtet und gründlich analysiert. Aus den Ergebnissen werden Schlüsse gezogen und Strategien für die Zukunft entwickelt, damit die analysierten Fehler nicht mehr vorkommen.

Trotzdem schafft es auch die Luftfahrtindustrie inzwischen, Fehler zu vertuschen und so Menschenleben zu gefährden bzw. wissentlich zu opfern. So geschehen beim Boeing 737 Max Skandal. Die Maschine, ursprünglich Ende der 60er-Jahre, Anfang der 70er-Jahre entworfen, bekam ein komplettes Makeover, um der Konkurrenzmaschine von Airbus etwas entgegenzusetzen. Größere Triebwerke veränderten die Balance der Maschine, was über eine moderne Software ausgeglichen werden sollte. Allerdings entwickelte die Software ein unerwünschtes Eigenleben und so kam es zu zwei Abstürzen mit hunderten Toten. Boeing wusste um die Probleme und verschwieg sie. Ein Zeugnis mangelnder Fehlerkultur mit tödlichem Ausgang. Dagegen mutet die VW-Dieselaffäre an wie ein zu teurer Kindergeburtstag.

In einer guten Fehlerkultur hätte man sich dem Fehler gestellt, ihn analysiert und beseitigt. Das Problem: Geld. Der Fehler hätte den Markteintritt der Maschine mindestens um ein Jahr, wenn nicht sogar mehr nach hinten geschoben. Das wollte man sich nicht leisten. Am Ende hat Boeing dieser Fehler viel mehr gekostet als ein verzögerter Markteintritt es getan hätte. Geld, Umsatz, Renditen und der damit verbundene Druck stehen auf der Liste der Auslöser schlechter Fehlerkulturen in der Regel ganz oben. Kein geistig gesunder Mensch liefert grundlos schlechte Arbeit ab. Erst wenn Angst und Druck im Spiel sind, kommt es zu Szenarien, die in der Presse enden. Achtung: Wir sprechen ausdrücklich von geistig gesunden Menschen! Denn, ob wir es glauben oder nicht, diese bevölkern immer noch mehrheitlich die Unternehmen dieser Welt.

Auch wenn wir das Wort „Fehlerkultur" im positiven Sinne verstehen, ist es doch zunächst einmal neutral. Denn eine Fehlerkultur kann positiv, negativ oder einfach neutral sein. Dem allgemeinen Verständnis nach werden Fehler in einer positiven Fehlerkultur nicht negativ bewertet. Man schaut sich an, wie und warum der Fehler entstanden ist und findet danach Mittel und Wege, den Fehler für die Zukunft auszumerzen, nicht wieder zu machen und im besten Falle, Abläufe und/oder Produkte durch den Analyseprozess zu verbessern (vgl. Abb. 8.1). Im Grunde wird das kindliche Lernen imitiert. Denn nichts anderes ist Lernen. Ein klassischer Trial-and-Error-Prozess, wenn man abgucken aus dem Spiel nimmt. Wobei abgucken auch immer einen Trial-and-Error-Prozess nach sich zieht. Error bedeutet im Lernprozess nichts anderes als einen Fehler zu machen, mit dem Ergebnis nicht zufrieden zu sein und es noch einmal zu versuchen. Bei Kindern dauert es oft eine Weile, bis sie zum gewünschten

Fehlerkultur

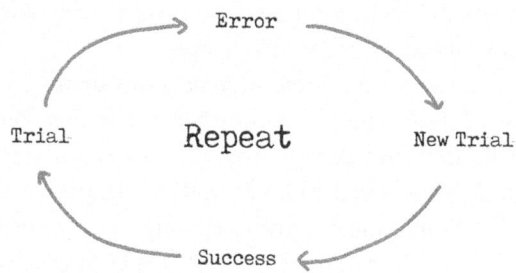

Abb. 8.1 Fehlerkultur

Ergebnis kommen. Kluge Eltern bejubeln dann jeden Fortschritt und ignorieren die gescheiterten Versuche. Im besten Fall greifen sie nicht korrigierend ein, denn nur so lernen Kinder das Lernen. Lernen ist immer auch ein Prozess des Scheiterns bis es klappt. Wird das Scheitern vermieden, wird es für den Menschen schwer in Folge eine Eigenmotivation, die das Scheitern überwindet, aufzubauen.

Alle Errungenschaften, welche die Menschheit bisher erreicht hat, sind durch den beschriebenen Prozess entstanden. Darüber hinaus sind aus vielen Fehlern Dinge entstanden, nach denen man gar nicht gesucht hat. Wir erinnern uns an das Viagra Beispiel vom Anfang.

In einer neutralen Fehlerkultur passiert in der Regel gar nichts, wenn ein Fehler geschieht. Das ist weder positiv noch negativ. Es herrscht in der Regel weder besonders negative noch eine nennenswert positive Atmosphäre. Das klingt zunächst einmal in Ordnung, daraus erwächst aber keine kreative Umgebung, in welcher Menschen wachsen können. Viele Behörden sind häufig Fehlerkultur neutral. Besonders kreative Leistungen sind nicht gefordert, da alle Abläufe reguliert sind. Selbst Karrieren, wenn man denn eine anstrebt, sind starr vorgezeichnet. Darüber hinaus besteht kaum ein negatives Regulativ, wenn man seinen Job schlecht oder gar nicht macht. Wer verbeamtet ist, wird höchstens strafversetzt, wenn überhaupt.

Eine Gruppe Beamte im höheren Dienst erzählte mir einmal bei einem Training, dass bei ihnen die für Sanktionen zuständige Personalabteilung überhaupt nicht sanktionieren würde, weil es einen Rattenschwanz an Arbeit nach sich ziehen würde. Das klingt zwar freundlich, hatte aber den Effekt, dass alle Abteilungen mindestens einen Mitarbeitenden hatten, der/die nicht oder schlecht arbeitete. Das Ergebnis war hohe Frustration bei allen anderen Kolleg*innen. Auch keine sehr gute Idee …

In einer positiven Fehlerkultur werden Fehler nicht bewertet, sondern analysiert. Am besten von den Mitarbeitenden selbst.

8.2 Warum eine positive Fehlerkultur so wichtig ist

Ein positiver Umgang mit Fehlern stärkt Menschen. Er fördert das Selbstbewusstsein und die Freude am Tun. Alles andere schränkt ein. Im umgekehrten Fall führt eine negative Fehlerkultur zur Paralyse. Wer hat denn am Ende noch Lust etwas auszuprobieren, wenn man einen Kopf kürzer gemacht wird, wenn es schief geht? Da hält man sich doch lieber vornehm zurück und lässt andere ins Minenfeld laufen. Organisationen mit einer negativen Fehlerkultur haben wesentlich weniger Chancen auf Innovationen.

Dummerweise werden wir ausgerechnet in unserer wichtigsten Prägephase nicht zu Erfolgssucher*innen, sondern zu Fehlervermeider*innen erzogen. In unserer Schulzeit geht es leider an den entscheidenden Stellen weniger ums Entdecken, als ums Vermeiden. Nämlich in Tests und Arbeiten. Die Fächer können noch so viel Spaß machen und die Lehrer*innen noch so gut sein, die stumpfe Wissensabfrage, die für die Zensuren zu einem großen Teil zählt, reißt mit dem Hintern wieder ein, was vorher mühsam mit den Händen aufgebaut wurde. Wer erinnert sich nicht an Arbeiten voll mit roten Anmerkungen. Da wusste man häufig schon beim Anblick der ersten Seite, dass die Note am Schluss nicht die beste sein würde. Und was haben wir uns gefreut, wenn die Lehrer*innen einen Fehler übersehen haben. Im Grunde eine verpasste Lernchance, aber auf die haben wir geflissentlich gepfiffen. Zum Teufel mit der Lernchance, die uns ggf. sogar die Note versaut hätte. Fehler bedeuten in der Schule negative Konsequenzen. Bitte nicht falsch verstehen: Ich bin natürlich der Meinung, dass Kinder lernen müssen, mit Konsequenzen umzugehen. Keine Frage. Die Frage ist nur, ob es so sinnvoll ist, vermitteltes Wissen bei Kindern in jungen Jahren in dieser Form abzufragen und zu bewerten. Entdecker*innen fördert man so eher nicht.

8.3 Die eigene Fehlerkultur bewusst definieren

Wie andere mit unseren Fehlern umgehen sollten, wissen wir in der Regel ganz gut. Wenn wir uns aber über unsere eigene Fehlerkultur Gedanken machen sollen, springen wir oft zu kurz. Wir glauben, dass es reicht, wenn wir es schaffen, so mit den Fehlern anderer umzugehen, wie andere mit unseren Fehlern im besten Falle umgehen sollten. Wie gesagt: das ist zu kurz gesprungen. Ein guter Anfang reicht aber bei weitem nicht aus. Warum nicht? Weil Fehler immer unter Stress passieren. Wenn das mal nicht der Fall ist, lösen Fehler auf jeden Fall Stress aus. Denn sie sind immer Auslöser für eine Situation, die wir in dieser Form gerade nicht gebrauchen können.

Darum ist es wichtig, sich zum einen über Stress Gedanken zu machen und zum anderen über die eigene Reaktion auf Stress.

Stress ist weder gut noch schlecht. Stress hat evolutionär betrachtet eine Überlebensfunktion. Es ist ein uraltes Programm, welches unseren

Körper in Notsituationen auf Kampf, Flucht oder Totstellen einstellt. Unsere Amygdala, das Emotions- und Stresszentrum in unserem Gehirn, wertet einen Reiz als Alarmsignal und schüttet unverzüglich Stresshormone aus. Das besondere daran ist, dass die Amygdala vor den höheren Denkfunktionen aktiv wird. Das ist der Grund, warum wir uns bei einem richtigen Schreck oder in Angstzuständen so schlecht rational beruhigen können. Für die rationale Beruhigungsargumentation sind die höheren Denkfunktionen im präfrontalen Cortex zuständig. Die Amygdala ist aber davor schon am Start. Das heißt, ein Reiz kommt über die Sinnesorgane ins Gehirn und passiert als erstes die Amygdala. Da haben wir mit dem Denken noch nicht mal ansatzweise begonnen. Diese Reihenfolge ist auch logisch, denn wenn es wirklich überlebenswichtig ist, dass wir kämpfen, flüchten oder uns tot stellen, sind die höheren Denkfunktionen viel zu langsam. Wer in der Steinzeit noch kurz überlegen wollte, ob der Säbelzahntiger wirklich so gefährlich ist, ist nicht besonders alt geworden. Wer aber die Beine in die Hand genommen hat, hat mit ziemlicher Wahrscheinlichkeit die eigenen Gene an nachfolgende Generationen weiter gegeben. Das bedeutet, dass unsere Vorfahren in Notsituationen eine sehr gut funktionierende Amygdala an uns weiter vererbt haben. Das bedeutet, dass wir unter Stress automatisch auf Kampf, Flucht oder tot-stellen getrimmt sind. In modernen Organisationen nicht wirklich dienlich. Vor allem nicht, wenn wir unter Stress gute Entscheidungen treffen wollen, z. B. mit Fehlern vernünftig umzugehen.

Stress zu ignorieren oder zu bekämpfen, bringt in solchen Situationen nichts. Stress ist eine Körperreaktion, die abläuft. Ob wir wollen oder nicht. Wenn wir den Stress aber zulassen, läuft er schneller, rational steuerbarer und nachhaltiger ab. Denn Stress ist nichts anderes als ein schnelles Anfluten von Stresshormonen in unserem System. Hormone wie Adrenalin und Noradrenalin sind maßgeblich daran beteiligt. Wenn wir den Stress rational wegdrücken wollen, ist das sicher verständlich, aber nicht funktional, denn die Hormone sind ja bereits in unserem System und lösen die entsprechenden Reaktionen aus. Nur durch unser „Nicht-wollen" lösen sie sich nicht in Luft auf. Aber es gibt Strategien, wie sie schneller abgebaut werden. Bewegung ist eine der erfolgreichsten. Da Stress den Körper ja auf Kampf bzw. Flucht trimmt, baut sich Stress durch Kampf und Flucht auch am besten ab. Jetzt ist es natürlich selten von Vorteil im beruflichen Kontext mit körperlichem Kampf oder mit Flucht zu reagieren. Aber bewegen kann man sich in den meisten Fällen. Beispielsweise können wir oft aus Situationen heraus gehen, um kurz eine Runde um den Block zu laufen. Wir müssen nicht immer sofort auf eine Information bzw. ein Problem reagieren. Wenn beispielsweise Mitarbeitende einen folgenschweren Fehler beichten oder reporten, können wir uns kurz für die Info bedanken und dazu ein Treffen in einer Stunde ansetzen. Wir würden gern noch darüber nachdenken und dann das Ganze gemeinsam betrachten. So haben wir Zeit, eine Runde um den Block zu drehen, die Stresshormone aus dem Körper zu walken und wieder ins klare Denken zu kommen. Denn genau das verhindern Stresshormone auch: klares Denken ist unter Stress nicht möglich. Unter Stress wird ausschließlich reagiert.

Das ist der Grund für soldatischen Drill. Die Menschen werden so lange gedrillt, bis ihnen die richtigen Reaktionen in Fleisch und Blut übergehen und automatisch unter schwerem Stress abrufbar sind. Ähnlich verhält es sich bei Polizist*innen, Pilot*innen und Ärzt*innen. Diese haben nach der Stresssituation die Möglichkeit, die Stresshormone endgültig abzubauen. In „normalen" Unternehmen haben wir aber eher selten die Situation, dass wir sofort reagieren müssen, weil sonst Menschenleben auf dem Spiel stehen. Das dürfen wir uns immer wieder ins Gedächtnis rufen. Ein ehemaliger Kollege in einer ehemals großen Bank hat das in einer sehr stressigen Situation einmal sehr treffend formuliert, als ich fast ausgeflippt bin: „Anja, hier geht's nicht um Leben und Tod. Hier geht's nur um Geld." Die Aussage hat mich damals so verdutzt, dass ich augenblicklich ruhig wurde. Klar, war es trotzdem noch stressig und wichtig, denn es ging um sehr viel Geld, Jobs und Existenzen, aber es ging eben nicht unmittelbar um Leben und Tod. Das ist wichtig, dass wir uns das immer wieder vergegenwärtigen, wenn wir gerade schwer im Stress sind, weil Fehler passiert sind. Stress macht doof. Denn er schaltet die höheren Denkfunktionen teilweise sogar ab. Niemand muss Nietzsche zitieren können oder eine Binomische Formel herleiten, wenn es um Leben und Tod geht. Übrigens auch ein Grund, warum uns in einem Streit so oft die guten Argumente fehlen und eine halbe Stunde später fallen sie uns wieder ein ...

Wenn wir eine gute Fehlerkultur etablieren und leben wollen, ist es wichtig einmal zu schauen, wie wir unter Druck/Stress reagieren und uns vorher Strategien zurecht legen, wie wir uns verhalten wollen. Außerdem sollten wir auch nicht zu hart mit uns selbst ins Gericht gehen, wenn es nicht sofort klappt. Wichtig ist, dass wir uns in ruhigen Momenten immer wieder klar machen, wer und wie wir sein wollen.

8.4 Fehlerkultur mit Leben füllen

Von Fehlerkultur zu sprechen und den Mitarbeitenden zu versichern, dass das alles schon so passt, ist das eine, es vorzuleben das andere. Denn an ihren Taten wollen wir sie messen, die Führungskräfte dieser Welt. Nicht an ihren Worten. Wie war das noch mit dem Schall und dem Rauch? Angela Merkel ist schließlich auch mal als Umweltkanzlerin angetreten … Ja, das mutet alles ein wenig zynisch an. Ist es auch, wenn Worten keine Taten folgen. Natürlich ist es super, wenn man eine Fehlerkultur festschreibt und sich auch offiziell einigt, dass Fehler bzw. die, die Fehler machen, nicht gecancelt werden. Das hilft aber alles nichts, wenn diese Willensbekundungen nicht mit Leben gefüllt werden. Fehlerkultur muss man vorleben. Das macht angreifbar und verletzlich. Das ist auch der Grund, warum in den vorigen Kapiteln darauf eingegangen wurde. Abgesehen davon macht es auch Angst und es verursacht Stress. Es gibt also verdammt viele Gründe, die uns davon abhalten, Fehler zuzugeben und eine gute Fehlerkultur vorzuleben. Aber anders funktioniert es nicht.

Erinnern wir uns mal an unsere Kindheit. Wenn Eltern, Lehrer*innen oder andere Respektspersonen kein Problem mit unseren Fehlern hatten, wenn sie mit uns über die Situationen gesprochen und uns beim nächsten Mal unterstützt haben, dann hatten wir die Chance zu wachsen. Wurde gemeckert oder Schuld zugewiesen, dann sind wir klein geblieben und haben die fehlerbehafteten Situationen in Zukunft vermieden.

Das liegt zum großen Teil an Schuldzuweisungen und dem Kleben an der Vergangenheit. „Wie konnte das passieren?" oder „Warum hast Du das gemacht?" sind typische Fragen für Vergangenheitsverhaftung. Abgesehen davon gibt es in der Regel keine befriedigende Antwort auf die Frage „Warum hast Du das gemacht?". Entweder hatte man einfach Bock drauf und dachte „Wird schon" oder man hat vorher alles abgewägt und war der Meinung, dass es eine gute Idee war … Was also auf die Frage antworten? Die gängigste Antwort auf die Frage ist „Weiß nicht …" Das liegt aber nicht an der Intention der Aktion, sondern an der Dummheit der Frage. Und ja: Es gibt dumme Fragen! Die genannte ist eine aus dieser Kategorie. Besser wäre die Frage: Was können wir tun, damit das in Zukunft nicht mehr passiert? Oder: Was können wir tun, um bessere Ergebnisse zu erzielen? Oder: Wie können wir in Zukunft besser vorgehen?

Diese Fragen orientieren sich am Lernprozess und nicht an Schuldzuweisungen. Sie orientieren sich an der besseren Zukunft. Außerdem produzieren sie eine sogenannte „Hin-zu"-Motivation. Eine „Hin-zu"-Motivation ist nicht stärker als eine „Weg-von"-Motivation, aber sie hat ein klares Ziel. Das fehlt bei „Weg-von"-Motivationen. Es ist zwar gar nicht schlecht, wenn man weiß, was man nicht will. Es ist aber nutzlos, wenn man nicht weiß WAS man stattdessen will. „Weg-von" braucht immer einen Schritt bzw. einen Denkprozess mehr als „Hin-zu". Das ist vielleicht auch der Grund, warum „Hin-zu" so häufig positiver besetzt ist. Abgesehen davon ist im Kontext der Fehlerkultur doch klar, dass wir von den Fehlern weg wollen. Wer will denn freiwillig Fehler machen?

Ja, hier werden jetzt gern solche Dinge wie Diebstahl oder schlimmere Verbrechen angeführt, die ja offensichtlich Fehler sind. Aber eben nicht in den Augen der Ausführenden. Für sie ist nicht die Tat der Fehler, sondern Umstände, die zur Entdeckung, führten. Das ist ein Unterschied und damit haben wir es in unseren Unternehmen hoffentlich nicht zu tun. Abgesehen davon, hat das weniger mit Fehlerkultur als vielmehr mit Sicherheit zu tun. Fehlerkultur, wie sie hier gemeint ist, geht davon aus, dass alle ihr Bestes geben. Tatsächlich ist das in Unternehmen mit einer positiven Fehlerkultur am ehesten zu beobachten. Denn die Angst vor Fehlern hemmt die Leistungsfähigkeit. Noch ein weiterer guter Grund mit gutem Beispiel voran zu gehen.

9

Humor

9.1 Humor allgemein und Humor im Business

Humor ist, wenn man trotzdem lacht. Oder wenn man überhaupt lacht … Es gibt immer noch Firmen, in denen Humor bzw. Lachen als unangebracht oder albern gilt. Erstaunlich, wird doch selbst in Hospizen gelacht, denn Humor löst Spannungen und Lachen ist sowieso die beste Medizin. Humor und das mit ihm verbundene Lachen ist in seiner positiven Wirkung auf unseren Geist unschlagbar. Vorausgesetzt natürlich, dass niemand darunter zu leiden hat. Sich über jemanden lustig zu machen, funktioniert nur eingeschränkt. Selbst Sigmund Freud, dem eher ziemlich krude Theorien über den menschlichen Geist zugeschrieben werden, hielt Humor für eine Eigenschaft, mit den Missständen der Gesellschaft und der eigenen Seele umzugehen und diese zu verzeihen (Mai, 2022).

Abgesehen davon festigt bzw. erhöht Humor nachweislich den Status von Personen innerhalb einer Firma. Vorausgesetzt natürlich, dass der Humor angemessen und nicht übergriffig ist. Beispielsweise haben Forschende herausgefunden, dass es schon reicht Kolleg*innen im Ansehen aufzuwerten, wenn man aufgefordert an den letzten gemeinsamen lustigen Austausch zu denken. Auf die Frage, ob Humor dem Arbeitsklima dient, würde wohl kaum jemand mit „Nein" antworten. Kein Wunder, denn Mitarbeitenden mit humorvollen Führungskräften sind tatsächlich zufriedener, kommunizieren besser und sind eher bereit die sagenumwobene Extrameile zu gehen (Wood Brooks & Bitterly, 2020).

Natürlich ist das mit dem Humor so eine Sache. Wir alle kennen Menschen, die sich für lustig halten, jedoch meilenweit davon entfernt sind. In solchen Fällen ist Humor kontraproduktiv, keine Frage ... Aber was ist für uns selbst die Alternative? Das mit dem Humor lieber sein lassen, weil es nach hinten los gehen könnte? Grundsätzlich ist nichts dagegen einzuwenden, wenn wir zum Lachen lieber nach Hause fahren. Wenn wir uns aber einmal ins Gedächtnis rufen, dass wir bei einer normalen Arbeitszeit acht Stunden pro Tag, fünf Tage pro Woche bei der Arbeit sind, dann ist der Verzicht auf Humor gar nicht mehr so spaßig. Außerdem geht es ja nicht darum, den nächsten Comedypreis zu ergattern. Es geht darum, sich selbst und das Leben nicht ganz so ernst zu nehmen.

9.2 Warum Humor so wichtig ist

Humor hilft, schwere Zeiten zu meistern. Nicht umsonst sind seit über 20 Jahren Clowns in Krankenhäusern unterwegs und bringen Menschen zum Lachen (Deppe & Nickels, 2020). Das ist gar nicht so selbstverständlich wie es heute klingt. Noch in den 50er-Jahren des letzten Jahrhunderts waren Krankenhäuser eine sehr ernste und humorlose Veranstaltung. Man dachte wirklich, dass Medizin und Heilung eine ernste Sache seien und das Lachen in dieser Umgebung fehl am Platze seien. Erstaunlich, dass wir in diesem Kontext darüber schmunzeln müssen, durch viele Firmenflure aber immer noch der Geist der 50er-Jahre-Krankenhäuser weht ... Das ist doch verrückt, oder?

Lachen ist übrigens ganz direkt gesund: Der Puls geht hoch, wir atmen besser, das Zwerchfell kommt in Wallung und massiert die inneren Organe. Sogar die Verdauung wird angekurbelt und unsere Haut besser durchblutet. Außerdem wirkt sich eine grundsätzliche Fröhlichkeit, die mit Humor einhergeht, laut Humorforschung auf folgende Fähigkeiten aus (Eckert, 2016):

- eine optimistische Grundeinstellung
- Resilienz
- Kreativität
- Immunabwehr

Spinnen wir diesen Gedanken weiter, haben Führungskräfte, in deren Teams Humor Platz hat, kreativere und gesündere Mitarbeitende … Das klingt doch nicht schlecht.

Natürlich reicht Humor alleine nicht aus. Aber er ist ein gutes Zeichen dafür, dass eine Führungskraft auf einem guten Weg ist. Die Krux ist: Es reicht nicht, sich selbst für humorvoll zu halten. Die Preisfrage ist, woran man erkennt, dass man wirklich einen gesunden Humor hat? In der Regel daran, dass man über sich selbst lachen kann. Und zwar in Situationen, die im Grunde echt peinlich sind. Situationen, in denen man unfreiwillig den Deppen der Nation gegeben hat. Beispielsweise hat Comedian Felix Lobrecht sich über seinen Schlager-Gast-Auftritt im Bierkönig auf Mallorca lustig gemacht, indem er trocken anmerkte, dass ihm das Ganze wohl viel zu viel Spaß gemacht hätte. Hintergrund: Er hat bei seinem Auftritt sehr viel und sehr albern getanzt, um das Publikum zu animieren, und ist dabei etwas über das Ziel hinaus geschossen. Als ihm die Aufnahmen gezeigt wurden, musste er selbst lachen … Übrigens nicht nur eine sehr sympathische Variante. Es ist auch, im Vergleich zum Sauer-Werden oder Zum-Gegenangriff-Übergehen, eine Variante, die für das eigene Wohlbefinden heilsamer ist. Wenn uns etwas peinlich ist, befreien Humor und Lachen uns aus diesem unangenehmen Gefühl. Schaffen wir diesen Emotionssprung nicht, sind wir gezwungen, die Erinnerung zu vermeiden oder jedes Mal herunterzuspielen. Emotional sehr aufwendig. Vor allem in Zeiten von omnipräsenten Smartphone-Fotos und -Filmen sowie Social Media …

Humor hat also auch immer etwas mit dem eigenen Selbstbild zu tun. Dabei ist schwer zu greifen, was ein gesundes, humorvolles Selbstbild am Ende ausmacht. Denn selbst die humorvollsten, selbstsichersten Menschen legen Wert auf die Reaktionen anderer Menschen. Es wäre falsch zu sagen, dass ihnen die Meinungen anderer nicht wichtig wären. Vielleicht ist der Unterschied, dass nicht alle Menschen denken müssen, sie wären die tollsten Wesen unter der Sonne. Außerdem sind souveräne, humorvolle Menschen eher Selbstbilddifferenziell. Ihr Selbstbild ist nicht in Stein gemeißelt. Das heißt, es gibt keine unumstößlichen Verhaltensweisen oder Eigenschaften, die ihnen zugeschrieben werden müssen, damit ihr Selbstbild intakt bleibt. Beispielsweise darf man sich durchaus einmal peinlich verhalten, ohne sich dafür nach außen rechtfertigen oder das Verhalten überspielen zu müssen. Im Gegenteil: Kurz darüber zu lachen, befreit und stellt das Selbstbild wieder her.

9.3 Was es bedeutet Humor zu haben

Humor zu haben, bedeutet nicht über alles zu lachen und das auch von anderen zu erwarten. Echter Humor zeichnet sich vor allem durch das Verständnis aus, dass nicht alle über die gleichen Witze lachen.

Ein wunderbares Beispiel in diesem Zusammenhang ist Mario Barth. Offensichtlich scheint der Mann in irgendeiner Form einen Humornerv zu treffen. Oder die Menschen, mit denen er das Berliner Olympiastadion füllt, kommen einfach nur in seine Show, weil sie nicht wussten wohin mit sich und ihrem Geld an diesem Abend. Anders ausgedrückt: Es gibt Menschen, die lachen sehr herzlich über die Programme von Mario Barth. Ich gehöre nicht mehr dazu. Es gab Zeiten, da habe ich am Boden gelegen vor lachen. Heute finde ich ein paar Witze noch zum Schmunzeln und einiges sterbenslangweilig. Man achte bitte auf die Formulierung „ich finde" … Im Gegensatz zu „das ist …" In Bezug auf Humor halte ich diese Formulierungsnuancen für essenziell. Denn unser ureigenes Humorverständnis ist eng mit unserer Persönlichkeit verbunden. Wer uns für humorlos hält oder uns ein falsches Humorverständnis attestiert, greift uns als Person an. Nicht umsonst wird die Frage, worüber man noch lachen darf, so unglaublich wütend in der Öffentlichkeit geführt. Das komplizierte daran: Eine allgemeingültige Antwort, an die wir uns halten könnten, gibt es nicht.

Ein guter Humor darf ruhig derbe sein. Er darf sich über Männer, Frauen, Kinder, Ethnien und den Tod lustig machen. Aber eines ist wichtig: Wenn Humor in kleinem Kreis oder 1:1 angewendet wird, dann immer mit maximaler Sensibilität. Vor allem im Arbeitskontext. Grundsätzlich gilt: Humor lieber gegen die Situation oder sich selbst zu richten, nicht gegen andere.

Und genau an dieser Stelle trennt sich die Spreu vom Weizen in der Humorqualität: Mache ich mich über mich selbst bzw. die Situation lustig? Oder über andere?

Vorgesetzte, die sich über ihre Mitarbeitenden lustig machen, tun das zudem aus einer Position der Macht heraus. Die Mitarbeitenden verlieren somit sogar doppelt. Zum einen wird sich über sie lustig gemacht, was oft kein schönes Gefühl ist und zum anderen ist ein humorvoller Gegenangriff oder gar der Hinweis darauf, dass man das gerade gar nicht witzig fand, oft unmöglich. Es bleibt nur, verletzt mitzulachen, was wiederum als Zustimmung gewertet wird und Tür und Tor für weitere Verletzungen auf macht.

Wenn man sich als Führungskraft, aus welchem Grund auch immer, mal ungewollt zum Depp gemacht hat, hilft immer darüber zu lachen. Mir selbst ist es auch häufig passiert, dass ich mich für ziemlich cool gehalten habe und später feststellen durfte, dass das Gegenteil wohl der Fall war. Der einfache Satz „Dann war ich wohl doch nicht so cool wie ich dachte" und herzlich darüber zu lachen befreit ungemein und versperrt komischen Bemerkungen gleichzeitig den Weg durch die Hintertür. Allerdings ist es nicht immer ganz so einfach solche Sätze über die Lippen zu bringen. Vor allem dann nicht, wenn es einem so richtig unangenehm ist. Ich habe auch immer noch ein paar Leichen im Keller über die ich eigentlich lachen könnte. Schaffe es dann aber doch nicht und verschließe lieber die Kellertür. Das ist völlig normal. Der Keller sollte nur nicht wegen Überfüllung geschlossen werden.

Schritt 1 ist, zu realisieren, dass man sich zum Deppen gemacht hat. Schritt 2 ist, sich über sich selbst zu amüsieren. Dies zu wagen, zeugt von Größe, Stärke und vor allem einem gefestigten Selbstbild. Wer über sich selbst lachen kann, ist mit sich selbst im Reinen. Zumindest zum überwiegenden Teil.

Literatur

Humor im allgemeinen und Humor im Beruf

Mai, J. (2022, August 24). Humor: Humorvolle Menschen sind intelligenter. Karrierebibel.de. https://karrierebibel.de/humor/. Zugegriffen am 02.02.2023.

Wood Brooks, A., & Bitterly, B. (2020, Oktober 19). Ein Leitfaden für Humor am Arbeitsplatz. *Harvard Business Manager*. Online. https://www.manager-magazin.de/harvard/selbstmanagement/humor-am-arbeitsplatz-ein-leitfaden-a-00000000-0002-0001-0000-000173448527. Zugegriffen am 02.02.2023.

Warum Humor so wichtig ist

Deppe, K., & Nickels, L. (2020). Lachen: Humor und Psyche. planet-wissen.de. https://www.planet-wissen.de/gesellschaft/psychologie/lachen/pwiehumorundpsyche100.html. Zugegriffen im 07.2022.

Eckert, T. (2016, Oktober 14). Was humorvolle Menschen gemeinsam haben. ze.tt. https://www.zeit.de/zett/2016-10/was-humorvolle-menschen-gemeinsam-haben. Zugegriffen am 02.02.2023.

10

Verlässlichkeit

10.1 Was ist Verlässlichkeit? Eine Definition

Kann man sich auf Dich verlassen? Selbstverständlich! Das ist die Antwort, die auf diese Frage in der Regel kommt. Leider stimmt sie in den seltensten Fällen …

In meinen 2–3tägigen Seminaren für Führungskräfte habe ich eine Übung übernommen, die dieses Phänomen sehr gut verdeutlicht. Am Anfang eines Seminars führe ich Seminarregeln ein. Im Grunde nichts Ungewöhnliches. Bei vielen Seminaren einigt man sich am Anfang auf Regeln. Ein paar Regeln sind ungewöhnlich, ein paar schwieriger einzuhalten als andere. Selbstverständlich wird über die Regeln auch verhandelt. Was ich auch zulasse und ich lasse mir Zugeständnisse abringen. Am Ende einige ich mich mit den Teilnehmenden darauf, dass alle die Regeln 100 %ig einhalten werden und knöpfe ihnen einen kleinen symbolischen Eid ab. Während des Seminarverlaufes hängen die Regeln gut sichtbar im Seminarraum und ich erinnere auch immer mal wieder an die eine oder andere Regel … Zum Ende des Seminars frage ich ab, ob sich alle zu 100 % an die Regeln gehalten haben. In hunderten Seminarstunden hat es nicht einmal ein 100 %iges Ja gegeben … Verlässlichkeit geht anders … Das erstaunliche daran: Fast niemand schafft es zwei bis drei Tage lang wirklich pünktlich zu sein. Die komischen Regeln werden besser eingehalten, aber absolut pünktlich schafft niemand. Dabei wurde die Erwartung an absolute Pünktlichkeit vorher definiert. „Absolut pünktlich" heißt in diesem Fall, wieder auf seinem Seminarplatz zu sitzen. Nicht noch einen Kaffee holen oder nochmal schnell die Toilette aufsuchen … Klappt nie! Auch bei den Teilnehmenden nicht, die sich für pünktlich halten und auf Pünktlichkeit wert legen. Interessant, oder?

Am Ende konfrontiere ich die Teilnehmenden mit der These, dass man sich wohl doch nicht auf sie verlassen kann. Dann ist die Frustration immer sehr groß. Ein Teilnehmer ist bei der Diskussion nach meiner Aussage, dass ich mich wohl nicht auf sein Wort, welches er mir ja am Anfang gegeben hatte, verlassen kann, wütend aus dem Raum gestürmt. Dabei geht es bei der Übung nur darum, einmal zu überprüfen, wie oft wir gedankenlos unser Wort geben, ohne vorher zu überprüfen, ob wir es überhaupt halten können. Wir untergraben unsere Verlässlichkeit ohne Not selbst. Wir machen uns selbst unglaubwürdig …

Die gleiche Übung habe ich vor Jahren selbst in einem Seminar für Führungskräfte gemacht und war danach ganz klein mit Hut. Vor allem, weil mir klar wurde, wie oft ich meinem Sohn etwas versprach, was ich am Ende mit irgendeiner, in meinen Augen guten Begründung, nicht hielt. Was aber wirklich geschah war, dass ich mich unglaubwürdig und unzuverlässig machte. Von dem Tag an, habe ich nicht mehr einfach gesagt, dass wir am Wochenende schwimmen oder in den Zoo gehen. Ich habe gesagt, dass die Idee toll ist, wir das gern ins Auge fassen können und wenn es passt, dann machen wir das. In fast allen Fällen haben wir das auch gemacht. Aber es gab auch mal Fälle, da ist etwas dazwischen gekommen. Mein Sohn ist inzwischen erwachsen und wenn ich ihn frage, ob wir am Wochenende etwas gemeinsam unternehmen wollen, dann ist seine Antwort „Das können wir gern machen, wenn es passt." Und wir beide müssen schmunzeln, denn natürlich kennt er die Bedeutung der Formulierung.

Zurück zur Verlässlichkeit: Wir sind unzuverlässig, wenn wir unser Wort nicht halten. Soweit so verständlich. Das Problem ist, dass wir zum Zeitpunkt, wenn wir unser Wort geben, noch nicht absehen können, was wir alles tun müssen, um unser Wort zu halten. Oder, im Fall der Pünktlichkeit, müssen wir auch bereit sein, alles dafür zu tun, um pünktlich zu sein. Oft sind wir der Meinung, dass eine Minute ja nicht weh tut und gehen, wie im Seminar, noch schnell auf Toilette. In dieser Zeit sitzen alle anderen schon da und warten. Funfact: Die wenigsten Menschen schaffen einen Toilettengang inklusive Händewaschen in einer Minute … Bei 10 Seminarteilnehmenden plus Trainer*in werden bei einer Verspätung von nur 2 min mal eben 20 min Lebenszeit verschwendet … Respektvoll geht anders, oder?

10.2 Warum Verlässlichkeit so wichtig ist

Die Antwort auf die Frage „Warum Verlässlichkeit bzw. Zuverlässigkeit so wichtig ist", ist einfach: Vertrauen. Vertrauen kann nur aufgebaut werden, wenn wir Ereignisse in der Zukunft berechnen können. Die Zukunft ist unberechenbar genug. Aber wenn Menschen in unserem Umfeld berechenbar sind und zwar nicht, weil wir sie gut genug kennen, sondern weil sie sich an ihr Wort halten (vgl. Abb. 10.1). Wir müssen Menschen nicht in- und auswendig kennen, um ihnen Vertrauen zu können. Es reicht völlig, wenn wir beispielsweise nur durch Beobachtung die Erfahrung gemacht haben, dass Menschen tun und lassen, was sie sagen. Das klingt banal. Ist es aber nicht.

Die meisten Menschen sagen das eine und tun das andere. Das geht schon mit Pünktlichkeit los. Aber auch Bringschulden und zugesagte Liefertermine fallen in diesen Bereich. Wer als Führungskraft nicht zum zugesagten Zeitpunkt liefert, ohne darüber ein Wort zu verlieren, verliert sofort Vertrauen. Das blöde daran ist, das Vertrauen ruck zuck verloren ist und ewig braucht, um es wieder aufzubauen. Natürlich gibt es Situationen, in denen wir unsere Zusagen nicht halten können. Immerhin ist die Zukunft ja unberechenbar. Aber dann ist es doch ein Leichtes, rechtzeitig eine Wasserstandsmeldung zu geben. Wenn wir beispielsweise eine zugesagte Information nicht rechtzeitig beschaffen können, dann müssen wir nur rechtzeitig Bescheid sagen. Rechtzeitig bedeutet dabei nicht, fünf Minuten vor oder zehn Minuten nach Abgabetermin. Das hilft der anderen Seite nämlich gar nicht. Rechtzeitig heißt so weit im Voraus, dass die

Verlässlichkeit

Worte = Taten   Worte ≠ Taten

Abb. 10.1 Verlässlichkeit

andere Seite nicht dasteht wie bestellt und nicht abgeholt. Angenommen wir haben einen Handwerksbetrieb und haben den Einbau eines bestimmten Teils zu einem bestimmten Zeitpunkt zugesagt. Wenn das Teil nicht mindestens einen Tag vorher da ist, dann informiere ich die Gegenseite, dass das Teil noch nicht da ist. Ich persönlich würde sogar zwei Tage vorher Bescheid geben und mich dann jeden Tag kurz melden. Die nachfolgenden Meldungen sind mit einer kurzen SMS oder WhatsApp doch schnell erledigt. Der Vorteil: Meine Verlässlichkeit bleibt intakt. Genauso bzw. ähnlich kann ich es mit Informationslieferungen innerhalb eines Konzerns halten. Freigaben sind häufig so ein leidiges Thema. Mir ist es auch oft genug passiert, dass ich Freigaben auf die letzte Minute geschoben habe und gemerkt habe, dass da ja doch mehr dranhängt als gedacht. In dem Moment, in dem ich das bemerkt habe, habe ich sofort eine Wasserstandsmeldung an die involvierten Parteien mit der Info geschickt, dass ich dran bin und wann ich die Freigabe voraussichtlich geben kann. Tatsächlich ist mir das nicht oft passiert, denn ich habe schnell gelernt, solche Dinge immer sofort für mich einzuschätzen und mir dann zum richtigen Zeitpunkt auf Termin zu legen. Viele Führungskräfte schätzen viele solcher Aufgaben leider als zu gering ein und lassen sie liegen oder bearbeiten sie mit der Begründung, dass es wichtigeres gäbe erst später. Das mag ja stimmen, aber für die Person, die verantwortlich ist und vorher schon alles erarbeitet hat, ist die Message: Deine Arbeit ist nicht so wichtig = Du bist nicht so wichtig ... Wer nicht verlässlich ist, schätzt sein Gegenüber gering ... Selbst das kann ja stimmen. Das Problem ist: Es macht uns maximal unsympathisch. Und jetzt kommt es: Vertrauen wir Menschen, die uns gering schätzen und die wir für maximal unsympathisch halten? Wer jetzt mit „Ja, weil ..." antwortet, ist entweder hoffnungslos naiv oder versucht gerade den eigenen Kopf aus der Schlinge zu ziehen.

Grundsätzlich gilt: Wer verlässlich ist, kann auf Vertrauen zählen. Wer verlässlich ist, schätzt die Arbeit und die Zeit seines Gegenübers wert. Wer unzuverlässig ist, tut das nicht. Eine ganz einfache Formel. Erstaunlich, dass sich so wenig Menschen daran halten.

10.3 Die eigene Verlässlichkeit realistisch betrachten

Wenn ich in meinen Seminaren, Vorträgen und Coachings frage, ob die Teilnehmenden verlässlich sind, dann antwortet niemand mit „Nein". Gerade in Vorträgen ist das manchmal sehr bizarr. Die erste Frage ist „Wer kennt unzuverlässige Menschen?" Alle Arme schießen in die Höhe. „Wer glaubt, dass Menschen immer unzuverlässiger werden?" Alle Arme schießen in die Höhe. „Wer ist unzuverlässig?" Niemand meldet sich ... Das das so nicht stimmen kann, wissen die Zuhörenden selbst. Der Witz ist aber, dass alle denken, die anderen hätten eine schlechte Selbsteinschätzung. Man selbst wäre nicht betroffen. Und genau das ist natürlich falsch. Selbstverständlich schützen wir unbewusst unser Selbstbild. Dem eigenen persönlichen Wachstum dient das aber nicht.

Zunächst einmal müssen wir uns klar machen, dass nichts Verwerfliches daran ist, wenn wir in der Vergangenheit unpünktlich oder unzuverlässig waren. Sicherlich gab es dafür gute Gründe. Selbst wenn wir es schlicht vergessen haben, ist das ein guter Grund. Der erste Schritt ist also, die Vergangenheit realistisch zu betrachten. Beispielsweise: An dem Tag war ich unpünktlich, weil ich pünktlich losgefahren bin und zu lange nach einem Parkplatz suchen musste. Daran kann man doch arbeiten. Wie lange musste denn nach einem Parkplatz gesucht werden? 20 min? Kein Problem, dann fährt man beim nächsten Mal einfach 20 min früher los. Selbst einen Stau oder eine Bahnverspätung kann man einrechnen. Als realistische Bahnfahrerin rechne ich bei langen Strecken immer einen Puffer von einer Stunde ein. Das mache ich bei längeren Autofahrten genauso. In fünf Jahren bin ich nur einmal zu spät zu einem Termin gekommen. Wer jetzt meint, dass ich offensichtlich mehr Zeit hätte, bekäme von mir in einer Diskussion die Antwort, sein Zeitmanagement nicht im Griff zu haben und aus Führungsschwäche nicht „Nein" sagen zu können … Na? Habe ich Dich vor den Kopf gestoßen? Natürlich! Du mich aber auch! Diese Form des Denkens bringt uns nicht weiter. Wenn wir uns weiterentwickeln wollen, können wir uns nicht mit der Verteidigung des Status Quo aufhalten. Wir wollen doch über den Status Quo hinaus wachsen. Das ist oft schmerzhaft und mit Abwehr verbunden, denn wir stellen uns ja selbst in Frage.

Eine gute Form sich selbst einzuschätzen, ist ein Verlässlichkeitstagebuch zu führen. Einfach jeden Tag kurz aufschreiben, wann man seine Zusagen, Pünktlichkeit eingeschlossen, eingehalten hat oder nicht. Bei „oder nicht" schreibt man ein bis zwei Sätze dazu, warum es nicht funktioniert hat. Bitte ehrlich sein. Sonst bringt die Übung nichts. Abgesehen davon sieht es ja niemand. Dann noch zwei bis drei Sätze, wie man es beim nächsten Mal anders machen will. Auch wenn diese Tagebuchübungen banal klingen. Sie sind es nicht. Sie haben einen unglaublichen Effekt. Vor allem, wenn wir immer mal wieder zurück blättern und reflektieren. Selbst die reflektiertesten Menschen scheitern, wenn sie nicht mit Stift und Papier arbeiten. Einfach weil unser Gehirn mit jeder Menge Denkfehlern behaftet ist und zur Beschönigung neigt. Darum ist die Erinnerung auch immer viel schöner als das eigentliche Erlebnis war. Oder es war am Ende doch gar nicht so schlimm. Das beste Beispiel sind Mütter, die schon 10 min nach der Geburt vergessen haben, welche Höllenqualen sie durchlitten haben. Ein Jahr später haben sie schon keine Ahnung mehr und sind tatsächlich wieder bereit das Ganze nochmal zu machen. Im Grunde völlig bekloppt. Man stelle sich vor ein Mensch müsste die gleichen Schmerzen über den gleichen Zeitraum einfach so ertragen ... Das würde niemand nochmal machen. Okay, das Ergebnis ist ein anderes. Trotzdem zeigt es ganz gut, wie unser Gehirn Erinnerungen verändert. Und das tut es immerzu. Nicht nur beim Kinderkriegen. Gerade wenn es um unser Selbstbild und damit um unsere psychische Gesundheit geht, ist das Gehirn sehr kreativ. Dem gilt es auf die Schliche zu kommen. Immer wieder.

10.4 Verlässlichkeit leben

Verlässlichkeit zu leben bedeutet nicht, auf Biegen und Brechen anderen Menschen zu gefallen oder immer zu jeder Zeit sein Wort zu halten. Verlässlichkeit zu leben bedeutet vorher zu überlegen, wann und wie man sein Wort gibt. Es bedeutet immer wieder zu überprüfen, ob die eigene Zusage noch Bestand hat und wenn nicht, rechtzeitig eine Meldung abzusetzen. Kurz: Gib Dein Wort nie ohne Not und prüfe regelmäßig. Wenn man es genau nimmt ziemlich einfach. Denn wenn wir unser Wort gar nicht erst geben, dann können wir es auch nicht brechen.

Nur ist auch das leichter gesagt, als getan. Denn gerade im Arbeitsleben werden Zusagen nur allzu oft erzwungen. Formulierungen das etwas zum Zeitpunkt X fertig sein muss und es keine Alternativen dazu gäbe, kennen alle, die schon länger als eine Woche im Arbeitsleben stehen. Trotzdem muss man nicht uneingeschränkt „Ja" sagen. Man kann beispielsweise sagen, dass man alles tut, um den Zeitpunkt zu halten. Dann gibt man regelmäßig Zwischenmeldungen, wo man gerade steht. So ist allen geholfen und man selbst ist so zuverlässig, wie es unter den Umständen eben möglich ist. Eine gute Möglichkeit Wort zu halten, ist, sein Wort den Umständen anzupassen. Leider denken wir oft nicht darüber nach, welche Möglichkeiten es noch gäbe. Wir denken, wenn wir etwas für unmöglich halten, haben wir nur die Wahl zwischen „Ja" oder „Nein". Aber das ist ein Trugschluss. Es gibt immer ein „Ich mache mit und gebe mein Bestes." Diese Antwort bietet Raum Zweifel zu adressieren und trotzdem 100 % verlässlich zu sein. Das bedeutet aber auch, wenn wir diese Variante wählen, dass wir unser Bestes auch tatsächlich geben.

Tue was Du sagst und sage was Du tust
Es ist nicht mehr und nicht weniger. Wenn ich meinem Verlag ein Manuskript wie dieses bis zu einem bestimmten Datum zusage, dann weiß ich, wieviel ich bis wann dafür tun muss. Es kommt vor, dass andere Dinge dazwischen kommen und ich weiß, es wird schwer den Abgabetermin zu halten. Dann melde ich das an meinen Verlag. Manchmal ist das alles kein Problem und manchmal bekomme ich die Rückmeldung, dass der Termin unbedingt gehalten werden muss. Das ist für mich zwar ungemütlich, aber dann muss ich halt schauen, wo ich an anderer Stelle Zeit für mein Manuskript herausholen kann. Auch nach 10 Büchern, jeder Menge Schreiberfahrung mit anderen Projekten und einer guten Selbsteinschätzung kommt es noch vor, dass ich mich verschätze. Sicher nicht mehr so oft wie zu Anfang, aber es kommt vor. Und dann gehe ich genau wie beschrieben vor. Ich gebe mein Bestes. Für mich selbst auch immer wieder überraschend: Ich schaffe es dann doch. Auch das ist ein Teil der Wahrheit. Wenn wir aufhören darüber nachzudenken, warum etwas nicht geht und uns darauf fokussieren es doch zu schaffen, dann funktioniert es am Ende doch. Es klingt so einfach und ist oft so schwer: Das Ziel im Auge zu behalten und darauf zu zugehen, macht die Zielerreichung wesentlich wahrscheinlicher und am Ende auch viel leichter.

11

Führen mit Herz, Hirn und Haltung

Menschen zu führen, heißt immer zunächst sich selbst zu führen. Zu wissen, wer man selbst ist, was man will und wo man hin will.

- Wer bin ich?
- Was will ich?
- Wo will ich hin?
- Wer will ich sein?

Fragen, die wir erst einmal für uns selbst beantworten müssen, bevor wir andere mit unserer Einschätzung zu ihren Antworten belästigen. Denn das tun wir in der Führung und der Personalentwicklung immer wieder ganz selbstverständlich, ohne darüber nachzudenken, was das eigentlich genau bedeutet. Wir erklären unseren Mitarbeitenden, wer sie sind, was ihre Stärken und Schwächen sind. Wir fragen sie, was sie wirklich wollen und verlangen darauf natürlich eine Antwort. Das geht sogar soweit, dass bei Einstellungsgesprächen so lustige Fragen gestellt werden wie „Wo sehen Sie sich in fünf bzw. in 10 Jahren?" … Wir fragen ernsthaft bei der ersten Begegnung: Wer bist Du? Was willst Du? Wo willst Du hin? Und wer willst Du sein … Selbst wenn es „nur" auf den Arbeitskontext bezogen ist, so reichen die Fragen tief in die Persönlichkeit und berühren unser Selbstbild und unseren privaten Kern.

Vielleicht gibt es ja bessere Fragen, die wir stellen könnten. Fragen, die unser Gegenüber auch beantworten kann. Fragen nach dem Verhalten wären ggf. angemessener als nach dem Sein. Grundsätzlich halte ich es für klug, anderen Menschen keine Fragen zu stellen, auf die ich selbst für mich keine weitreichende, tief gehende Antwort habe. Wenn ich selbst nicht weiß, wo ich in fünf Jahren in allen meinen Lebens- und Persönlichkeitsbereichen sein will, halte ich es für vermessen von anderen darauf eine ernsthafte Antwort zu erwarten. Selbst wenn ich eine Antwort wie „Keine Ahnung" erwarte bzw. gern hätte, darf der Gedanke erlaubt sein, ob die Frage fair gestellt ist. Zumindest wenn ich mich für einen fairen Menschen halte. Unfaire Fragen in Vorstellungsgesprächen bzw. bei ersten Treffen sagen mehr über die Fragestellenden als über die Antwortenden aus.

Tupak Shakur wird das Zitat „Folge Deinem Herzen, aber nimm Dein Hirn mit" zugeschrieben. Im Führungskontext würde ich das Zitat gern noch um „und bewahre Deine Haltung" ergänzen. „Haltung" im beruflichen Kontext ist nämlich etwas, was immer zuerst über Bord geht. Nicht in einem Schwung. In vielen kleinen Schritten schneiden wir immer ein kleines Stück unserer Werte und unserer Haltung ab und werfen sie den Umständen zum Fraß vor. Das ist manchmal nötig, aber eben nur manchmal. Wir prüfen die Situationen zu wenig und sagen, um unsere Ruhe zu haben lieber „Ja" als „Nein". Wir geben unsere Glaubwürdigkeit ohne Not auf und wundern uns am Ende, wie alles so schief laufen konnte. Dann suchen wir den einen großen Grund, den einen großen Auslöser, den es in der Regel nicht gibt. Es sind die vielen kleinen „Jas" die in Summe zu Skandalen wie CumEx, der Dieselaffäre und Wirecard-Fällen führen.

Wer immer wieder bei sich selbst ansetzt und sich die zuvor genannten Fragen stellt, kommt seltener in die Verlegenheit zu viele kleine „Jas" rauszugeben. Und wer Begründungen nicht in den Umständen sucht, sondern versucht die Umstände durch eigenes Verhalten zu ändern, ist in der Regel ein großes Stück an sich und mit sich gewachsen.

12

Fazit

Führung hat wenig damit zu tun, wie ich andere Menschen führe und sehr viel damit, wie ich mich selbst führe. Dabei ist das Konzept der „Selbstführung" immer noch ein konstruiertes. Wir führen uns in der Regel ja nicht selbst. Wir leben einfach … Das ist grundsätzlich auch nicht verkehrt, nur leider wissen die meisten Menschen noch viel zu wenig darüber, wie wir Menschen im Grunde funktionieren. Darüber hinaus sind wir für unsere komplexe Welt gar nicht gemacht. Auch das gilt es zu verstehen, wenn wir bewusst leben wollen, nichts anderes ist Selbstführung.

Selbstführung ist Selbst-bewusst-sein … Bitte nicht mit dem landläufigen selbstbewusst sein verwechseln. Eigentlich das gleiche, aber es wird leider nicht so verstanden. Heute gilt als selbstbewusst, wer seine Meinungen und Ansichten zweifelsfrei nach außen trägt. Selbst-bewusstsein im Sinne des Natural-Leadership-Konzeptes ist das Gegenteil. Zweifelsfreiheit kann es für Natural Leader kaum geben, denn sie kennen die Fehlerhaftigkeit unseres Gehirns und die unserer Psyche. „Ich weiß, dass ich nichts weiß" ist viel eher die Devise. Daran nicht zu verzweifeln, nicht aufzugeben und trotzdem mit maximaler Freude und Neugier durch die Welt zu gehen ist Natural Leadership.

Das kann auch bedeuten, sich bewusst gegen eine Führungsposition oder sich bewusst für ein alternatives Lebensmodell zu entscheiden. Entscheidend ist bewusst-sein! Damit ist keine höhere esoterische Weltanschauung gemeint. Gemeint ist, sich selbst zu kennen. Zu wissen, was die eigenen Wünsche, Werte und Weltanschauungen sind. Die wirklich eigenen. Nicht die von Mama, Papa, Oma, Opa oder einer Peergroup, die uns gerade fasziniert. Auch das ist nicht so einfach, denn auch hier gibt es keine feststehende Größe, an der man sich ein Leben lang orientieren kann. Wünsche, Werte und Weltanschauungen ändern sich mit der Zeit, denn wir ändern uns mit der Zeit. Dinge, über die wir uns noch vor ein paar Jahren maßlos aufgeregt haben, trotzen uns heute noch ein müdes Lächeln ab und umgekehrt. Auch damit gilt es nicht nur Frieden zu schließen, sondern im Frieden zu sein. Wie oft ist uns etwas peinlich, dass wir vor ein paar Jahren, vielleicht auch nur vor ein paar Tagen getan haben. Oft sind wir in solchen Situationen viel zu hart zu uns selbst. Wenn wir aber zu hart zu uns selbst sind, dann geht zuerst Lebensfreude für uns verloren und im nächsten Schritt auch für andere …

Natürlich bedeutet das nicht, dass wir mit einem fatalistischen „Wird schon" durch die Welt laufen sollten. Es bedeutet, dass wir mit uns so hart bzw. so milde sein sollten wie mit anderen. Eckerhart von Hirschhausen hat in einer seiner Fernsehsendungen einmal gesagt, dass wir, wenn wir so mit anderen reden, wie wir mit uns selbst reden, keine Freund*innen hätten. Recht hat er. Das bedeutet ja nicht, dass wir keine hohen Maßstäbe ansetzen sollten. Wir sollten nur darauf achten, dass wir dabei liebevoll mit uns selbst umgehen. Nicht umsonst fallen auch noch in meiner Boomergeneration viele Führungskräfte und viele ihrer Mitarbeitenden reihenweise um wie die Fliegen, weil sie nicht auf sich achten. Aber wie soll ich denn auf andere achten, was ja ein nennenswerter Bestandteil von Führung ist, wenn ich keine Augen auf mich selbst habe? Wenn mir das Gefühl für meine eigenen körperlichen und seelischen Grenzen fehlt, wie soll ich diese bei anderen erkennen?

All diese Fragen muss ich als Führungskraft auf dem Schirm haben. Führen bedeutet Selbst-bewusst-sein in allen seinen Facetten, Möglichkeiten und Widersprüchen.

The manufacturer's authorised representative in the EU is Springer Nature Customer Service Centre GmbH, Europaplatz 3, 69115 Heidelberg, Germany. If you have any concerns regarding our products, please contact ProductSafety@springernature.com

Printed and bound by CPI Group (UK) Ltd, Croydon, CR0 4YY

25/03/2026

02078173-0013